METODOLOGIAS ATIVAS
E AS TECNOLOGIAS
EDUCACIONAIS

Sanmya Tajra
(Organizadora)

(Autores)
Patrícia Monteiro
Edna Chamon
Leonor Santana
Joana Ribeiro
Mariana Aranha

METODOLOGIAS ATIVAS E AS TECNOLOGIAS EDUCACIONAIS

Conceitos e práticas

ALTA BOOKS
EDITORA
Rio de Janeiro, 2021

Metodologia Ativas e as Tecnologias Educacionais

Copyright © 2021 da Starlin Alta Editora e Consultoria Eireli.
ISBN: 978-85-5081-341-7

Todos os direitos estão reservados e protegidos por Lei. Nenhuma parte deste livro, sem autorização prévia por escrito da editora, poderá ser reproduzida ou transmitida. A violação dos Direitos Autorais é crime estabelecido na Lei nº 9.610/98 e com punição de acordo com o artigo 184 do Código Penal.

A editora não se responsabiliza pelo conteúdo da obra, formulada exclusivamente pelo(s) autor(es).

Marcas Registradas: Todos os termos mencionados e reconhecidos como Marca Registrada e/ou Comercial são de responsabilidade de seus proprietários. A editora informa não estar associada a nenhum produto e/ou fornecedor apresentado no livro.

Impresso no Brasil — 1a Edição, 2021 — Edição revisada conforme o Acordo Ortográfico da Língua Portuguesa de 2009.

Erratas e arquivos de apoio: No site da editora relatamos, com a devida correção, qualquer erro encontrado em nossos livros, bem como disponibilizamos arquivos de apoio se aplicáveis à obra em questão.

Acesse o site www.altabooks.com.br e procure pelo título do livro desejado para ter acesso às erratas, aos arquivos de apoio e/ou a outros conteúdos aplicáveis à obra.

Suporte Técnico: A obra é comercializada na forma em que está, sem direito a suporte técnico ou orientação pessoal/exclusiva ao leitor.

A editora não se responsabiliza pela manutenção, atualização e idioma dos sites referidos pelos autores nesta obra.

Produção Editorial
Editora Alta Books

Gerência Comercial
Daniele Fonseca

Editor de Aquisição
José Rugeri
acquisition@altabooks.com.br

Produtores Editoriais
Ian Verçosa
Illysabelle Trajano
Larissa Lima
Maria de Lourdes Borges
Paulo Gomes
Thiê Alves
Thales Silva

Equipe Ass. Editorial
Brenda Rodrigues
Caroline David
Luana Goulart
Marcelli Ferreira
Mariana Portugal
Raquel Porto

Diretor Editorial
Anderson Vieira

Coordenação Financeira
Solange Souza

Equipe Comercial
Alessandra Moreno
Daiana Costa
Fillipe Amorim
Kaique Luiz
Tairone Oliveira
Thiago Brito
Vagner Fernandes
Victor Hugo Morais
Viviane Paiva

Marketing Editorial
Livia Carvalho
Gabriela Carvalho
marketing@altabooks.com.br

Atuaram na edição desta obra:

Revisão Gramatical
Gabriela Araújo
Paola Goussain

Capa
Rita Motta

Diagramação
Carlos Sá

Ouvidoria: ouvidoria@altabooks.com.br

Editora afiliada à:

Dados Internacionais de Catalogação na Publicação (CIP) de acordo com ISBD

M593   Metodologias Ativas e as Tecnologias Educacionais / organizado por Sanmya Feitosa Tajra. - Rio de Janeiro : Alta Books, 2021.
224 p. ; 17cm x 24cm.

Inclui índice.
ISBN: 978-85-5081-341-7

1. Educação. 2. Metodologias Ativas. 3. Tecnologias Educacionais. 4. Aprendizagens. I. Feitosa, Tajra, Sanmya. II. Título.

2021-1985
CDD 658.401
CDU 658.011.2

Elaborado por Vagner Rodolfo da Silva - CRB-8/9410

Rua Viúva Cláudio, 291 — Bairro Industrial do Jacaré
CEP: 20.970-031 — Rio de Janeiro (RJ)
Tels.: (21) 3278-8069 / 3278-8419
www.altabooks.com.br — altabooks@altabooks.com.br
www.facebook.com/altabooks — www.instagram.com/altabooks

SOBRE AS AUTORAS

Sanmya Tajra (Organizadora)

É bacharel em Administração pela Universidade Estadual do Piauí (1991), doutora em Planejamento Urbano e Regional pela Univap/SP, mestre em Educação pela Pontifícia Universidade Católica de São Paulo (2002), pós-graduada em Planejamento Estratégico e Sistemas de Informações (PUC Minas – 1994), em Gestão Empresarial (FGV/RJ – 1999) e em Gestão de Serviços de Saúde (Senac/SP – 2007).

Ministra as disciplinas Novas Tecnologias na Pedagogia, Administração de Pequenas e Médias Empresas, Organização de Sistemas e Métodos, Empreendedorismo, Planejamento Estratégico e Sistemas de Informações nos cursos de graduação de Rede de Computadores e de Administração, em instituições de ensino superior, cursos de pós-graduação e de extensão em educação a distância (EaD).

É proprietária da Tajra Tecnologias, empresa de consultoria com atividades nas áreas de tecnologia educacional e organização empresarial, na qual desenvolve projetos de formação de professores, mudança organizacional, programas de qualidade, sistema ISO, planejamento estratégico, BSC (Balanced Scorecard) e outros relacionados à área empresarial. É autora de vários livros na área de tecnologia educacional e de gestão empresarial.

Edna Chamon

Graduação em Pedagogia pela Faculdade Nogueira da Gama, São Paulo (1991) e graduação em Sciences de l'Education pela Université de Toulouse II – Le Mirail (1994), Toulouse, França. Mestrado em Sciences de l'Education (1995) e doutorado em Psicologia (1998) pela Université de Toulouse II – Le Mirail, e pós-doutorado em Educação pela Universidade de Campinas, São Paulo (2003). Atualmente é professora da Universidade Estácio de Sá, no Rio de Janeiro, RJ. Tem experiência em Educação a Distância e em avaliação institucional e de cursos pelo MEC. É assessora *ad hoc* da FAPESP e do CNPq. É membro do corpo editorial de revistas nacionais e internacionais. Atua nas áreas de pesquisa em Psicologia Social, Educação e Educação do Campo, com ênfase em representação social e identidade profissional. É bolsista de produtividade em pesquisa nível 2 do CNPq.

Joana Ribeiro

Formada em Ciências da Administração pela Universidade Federal de Santa Catarina (2005), é mestre em Engenharia Aeronáutica e Mecânica pelo Instituto Tecnológico de Aeronáutica (2008) e doutora em Engenharia Aeronáutica e Mecânica pelo Instituto Tecnológico de Aeronáutica (2015).

Possui experiência profissional em Supply Chain, na empresa Alpargatas (Havaianas) e grupo Vivara (2008-2010). Pesquisadora no Observatório Tecnológico do IAE-DCTA (2011-2017). Consultora do Centro de Gestão de Estudos Estratégicos (CGEE), na área de Observatório Tecnológico (2013). Atualmente, trabalha em um projeto de Analista de Dados na startup Petmondo, relacionada ao negócio PET. Sócia da microcervejaria Bugio, localizada em Florianópolis/SC.

Ministra disciplinas na área de Inovação e Prospecção Tecnológica, Supply Chain Management e Métodos Quantitativos em instituições de ensino superior, em cursos de pós-graduação e de extensão em EaD. Autora de livros e artigos na área de Prospecção Tecnológica e Inovação.

Leonor Santana

Graduada em Psicologia pela Universidade de Taubaté – UNITAU (1990), com especializações em Psicomotricidade – UNITAU (1994), Psicopedagogia – UNITAU (2005), MBA em Gestão de Pessoas – FGV (2008). É mestre em Desenvolvimento Humano – UNITAU (2017) e doutoranda em Educação (Universidade Estácio de Sá). Atuou na gestão técnica, administrativa, de projetos e de pessoas em instituição do terceiro setor, voltada à reabilitação de pessoas com deficiência, além da atuação na educação básica de secretaria municipal, na coordenação de programa de educação em tempo integral. Atualmente é docente em cursos de graduação e pós-graduação nas áreas de Recursos Humanos, Psicologia Organizacional e Psicopedagogia; e coordenadora de Objetos de Aprendizagem para EaD.

Mariana Aranha

Doutora e mestre em Educação pela Pontifícia Universidade Católica de São Paulo (2011 e 2006, respectivamente). Graduada em Pedagogia pela Faculdade Maria Augusta Ribeiro Daher (2001). É professora do mestrado em Gestão e Desenvolvimento Regional do Centro Universitário do Sul de Minas, do mestrado profissional em Educação e do mestrado em Desenvolvimento Humano, ambos pela Universidade de Taubaté. É pesquisadora do GEPI (Grupo de Estudos e Pesquisas em Interdisciplinaridade) da PUC-SP e do Núcleo de Saberes e Práticas em Educação a Distância da Unitau. Atua com os temas: interdisciplinaridade, formação de professores, currículo, gestão escolar, educação à distância, tecnologias educacionais e metodologias ativas de aprendizagem.

Patrícia Monteiro

Doutora em Ciências Ambientais (UNITAU). Atualmente é professora assistente vinculada ao departamento de Gestão e Negócios (GEN) e professora do Programa de Pós-Graduação em Educação e Desenvolvimento Humano (PPGE-DH) da Universidade de Taubaté. Coordenadora-geral do programa de educação a distância da UNITAU, desde 2012, e Diretora-executiva da Empresa de Pesquisa, Tecnologia e Serviços da UNITAU (EPTS), desde 2013. Trabalha há 19 anos com educação superior e há 9 anos com educação a distância. Apresenta experiência em implementação e gestão de políticas, programas, projetos, cursos e materiais didáticos. Tem experiência de 19 anos em consultorias. Atua nas temáticas: educação a distância, educação ambiental, tecnologias digitais de informação, comunicação e inovação.

SUMÁRIO

INTRODUÇÃO 1

CAPÍTULO 1

SOCIEDADE DIGITAL: UM OLHAR PARA A REVOLUÇÃO 4.0 E PARA A EDUCAÇÃO 4.0 5

— *Sanmya Tajra*

1. Entendendo a amplitude e os impactos das revoluções industriais 6

2. As quatro revoluções industriais 8

3. Desafios e princípios norteadores da 4ª Revolução Industrial 17

4. Alguns dados quantitativos sobre os contextos e impactos das diferentes revoluções industriais 20

5. As eras agrícola, industrial e da informação: outra abordagem de entendimento das mudanças que impactam a forma como vivemos 21

6. Compreensão da 4ª Revolução Industrial e da Educação 4.0 25

7. A importância do trabalho pelo prazer na 4ª Revolução Industrial 27

CAPÍTULO 2

COMPORTAMENTO DOS SUJEITOS NA SOCIEDADE 4.0............................31

— *Leonor Santana*

1. Sociedade 4.0 — comportamento, educação e trabalho..31
2. Trabalho, profissão e carreira...33
3. Teorias geracionais...41
4. Tendências..51

CAPÍTULO 3

CONCEITUANDO AS METODOLOGIAS ATIVAS: UMA VISÃO TEÓRICA 55

— *Mariana Aranha*

1. O que são metodologias ativas de aprendizagem?...56
2. Primeiro princípio: a concepção de ser humano..57
3. Segundo princípio: o contexto social vivido..59
4. Terceiro princípio: a organização curricular..60
5. Quarto princípio: a organização do trabalho pedagógico e o exercício da docência..............66
6. Quinto princípio: a aprendizagem colaborativa, personalizada e por projetos 68

CAPÍTULO 4

TECNOLOGIAS EDUCATIVAS ANALÓGICAS...83

— *Edna Chamon*

1. O lugar das tecnologias analógicas..83
2. Educação e tecnologia 85
3. Aspectos gerais das tecnologias educativas analógicas..87
4. O que fazer? O lugar das tecnologias educativas analógicas..93

CAPÍTULO 5

TECNOLOGIAS EDUCACIONAIS DIGITAIS 111

— *Mariana Aranha*
— *Patrícia Monteiro*
— *Sanmya Tajra*

1. Softwares educacionais (ou não) e suas inserções na educação 112

2. O uso de sites como estratégia pedagógica 115

3. Programação: recurso tecnológico digital por natureza "ativo" 117

Etapa 1 — Descrição da resolução do problema em termos da linguagem de programação 118

Etapa 2 — Execução da descrição da resolução do problema em termos da linguagem
de programação pelo computador 118

Etapa 3 — Reflexão sobre o que foi produzido pelo computador 118

Etapa 4 — Depuração dos conhecimentos por intermédio da busca de novas informações
ou do pensar 119

4. Gamificação 120

5. Redes sociais: uma categoria das mídias sociais 126

Sites: 133

CAPÍTULO 6

METODOLOGIAS ATIVAS NA
EDUCAÇÃO A DISTÂNCIA 135

— *Patrícia Monteiro*

1. O processo de aprendizagem 136

2. O ambiente profissional e as tecnologias digitais 138

3. A educação e as tecnologias digitais 140

4. Educação a distância 142

5. O uso das metodologias ativas na educação a distância 146

6. Técnicas de aprendizagens ativas e a EaD 152

CAPÍTULO 7

DESIGN THINKING NA EDUCAÇÃO 159

— *Sanmya Tajra*

1. O design thinking e o pensamento complexo...159

2. O profissional design thinker 166

3. Características do projeto de design thinking: fazendo acontecer uma ideia 169

4. Fases e estratégias para cada etapa do processo do design thinking................................172

CAPÍTULO 8

EMPREENDEDORISMO E STARTUPS 185

— *Joana Ribeiro*

1. História do empreendedorismo 186

2. Conceito de empreendedorismo..187

3. A importância da formação de jovens empreendedores 192

4. Fatores-chave para criação de uma cultura voltada à educação empreendedora.................195

5. Geração de startups 199

ÍNDICE REMISSIVO 207

INTRODUÇÃO

O livro *METODOLOGIAS ATIVAS E AS TECNOLOGIAS EDUCACIONAIS* tem por objetivo posicionar o leitor em relação aos conceitos, princípios e estratégias do uso das metodologias ativas no âmbito da educação formal e informal, de forma contextualizada, conforme os paradigmas da Revolução Industrial 4.0 — também chamada Revolução 4.0.

Este livro foi estruturado de forma a familiarizar o leitor com diferentes abordagens e práticas aplicadas na vivência de cada um dos autores, seja no âmbito do ensino presencial ou no da modalidade à distância, seja com o uso das tecnologias digitais ou analógicas, visando propor diferentes oportunidades de entendimento e de aplicação. Não se trata de um livro baseado em pesquisas científicas, mas de experiências do cotidiano, com fundamentação teórica objetivando propor um diálogo contínuo entre a teoria e as práticas educacionais.

Outra característica do livro *METODOLOGIAS ATIVAS E AS TECNOLOGIAS EDUCACIONAIS* foi a todo momento propor que o aluno, aprendiz, educando — seja como esse for denominado — note o quanto é imprescindível, no momento atual em que vivemos, início do século XXI, assumir uma postura proativa e empreendedora com foco na realização, no estímulo ao saber fazer, reforçando que não basta conhecer, é necessário saber o que fazer com o que aprendemos.

O livro está organizado em oito capítulos inter-relacionados entre si, sendo que cada capítulo faz interface com outros capítulos. Tal característica é mencionada ao longo do texto.

No Capítulo 1, o leitor conhecerá as principais fases e características das quatro revoluções industriais, com destaque à Revolução 4.0 e a como ela afeta a educação e o posicionamento das pessoas em suas vidas.

No Capítulo 2, são apresentadas as relações entre trabalho, profissão e carreira e, em seguida, como as teorias geracionais — iniciando pela geração Baby Boomer e depois pelas Gerações X, Y e Z — vivenciam suas experiências, sendo que essa última é inerente à sociedade digital.

No Capítulo 3, são realizadas reflexões sobre as bases conceituais que orientam as discussões sobre metodologias ativas de aprendizagem, as questões que orientam a organização do trabalho pedagógico e o exercício da docência com metodologias ativas, além de apresentar e discutir algumas dessas metodologias.

No Capítulo 4, é discutido o que são as tecnologias educativas analógicas, indicando suas dimensões materiais e simbólicas. É apresentada uma visão crítica de como os métodos escolares usuais (que são tecnologias educativas de caráter simbólico) desmotivam os alunos e prejudicam a assimilação de conteúdos, para oferecer, finalmente, um conjunto de princípios e métodos efetivos de ensino--aprendizagem baseados em estudos e evidências empíricas.

No Capítulo 5, são apresentadas as diversas tecnologias educacionais, sendo elas os softwares educacionais, os aplicativos, os *games* e as redes sociais, e como essas podem ser utilizadas no processo de ensino-aprendizagem de forma integrada com o uso das metodologias ativas.

No Capítulo 6, são apresentadas estratégias para trabalhar as metodologias ativas na educação a distância favorecidas pelo uso da internet, a partir de momentos síncronos ou assíncronos.

No Capítulo 7, é apresentado o *Design Thinking* (DT) como uma das possibilidades de trabalhar as metodologias ativas na educação com foco na inovação, tendo como referência as fases estruturadas do processo criativo proposto por essa abordagem, de forma que possibilite a geração de riquezas e conhecimento inovadores, de acordo com as exigências da sociedade contemporânea caracterizada pelas redes digitais e tecnologias inerentes da Revolução 4.0.

No Capítulo 8, é abordada a história do empreendedorismo, sua evolução da Idade Média até a contemporânea, sua importância para o crescimento econômico, assim como a melhoria social de um país e o papel da empresa, governo e instituições de ensino e pesquisa (conhecidos como tríplice) para alavancar o número de bons empreendimentos que geram riqueza e oportunidades para todos.

Com o conteúdo do livro *METODOLOGIAS ATIVAS E AS TECNOLOGIAS EDUCACIONAIS*, esperamos que o leitor seja sensibilizado quanto à importância de se posicionar de forma proativa e atue como protagonista de sua história, seja em sua posição como educador, seja como educando, tendo as metodologias ativas como uma das estratégias para alcançar um mundo melhor.

— *Sanmya Tajra*

CAPÍTULO 1

SOCIEDADE DIGITAL: UM OLHAR PARA A REVOLUÇÃO 4.0 E PARA A EDUCAÇÃO 4.0

Introdução

O objetivo deste capítulo é apresentar as principais características que identificam a Revolução 4.0, também conhecida como a 4ª Revolução Industrial ou Indústria 4.0, de forma crítica e oportuna para propor um repensar sobre os diversos sistemas: educacionais, empresariais, governamentais, dentre outros. Os conteúdos apresentados neste capítulo possuem como referências principais os apontamentos de Klaus Schwab, obtidos nas contribuições das comunidades que participam do Fórum Econômico Mundial, do qual é o fundador. No final deste capítulo, integraremos as questões relativas à 4ª Revolução Industrial à Educação 4.0, visando sensibilizar os educadores sobre a importância de revisar suas práticas educacionais e incorporar as metodologias ativas, para que possam favorecer positivamente os indivíduos e para que esses possam conquistar um melhor espaço no mundo do trabalho e em suas vidas pessoais.

1. Entendendo a amplitude e os impactos das revoluções industriais

Uma revolução industrial é caracterizada pela criação e desenvolvimento de novas tecnologias que afetam o modo de viver das pessoas, influenciando o mundo que as rodeia. As tecnologias vão muito além de seus aspectos físicos, elas abrangem aspectos organizacionais, estruturais, simbólicos e linguísticos. Um conjunto de tecnologias ofertadas em um determinado período e seus efeitos é o que caracteriza uma revolução industrial.

Os impactos tecnológicos de uma revolução industrial são complexos e sistêmicos (Figura 1.1) e afetam todos os sistemas em que vivemos, provocando mudanças nas regras da sociedade, nas expectativas dos diferentes *stakeholders*, na forma de funcionamento das instituições e dos incentivos que são ofertados para as pessoas, norteando novos comportamentos, novas necessidades de infraestrutura e compondo diferentes tipos de fluxos de materiais e pessoas em diferentes espaços físicos e geográficos.

Figura 1.1: Impactos tecnológicos de uma revolução industrial.

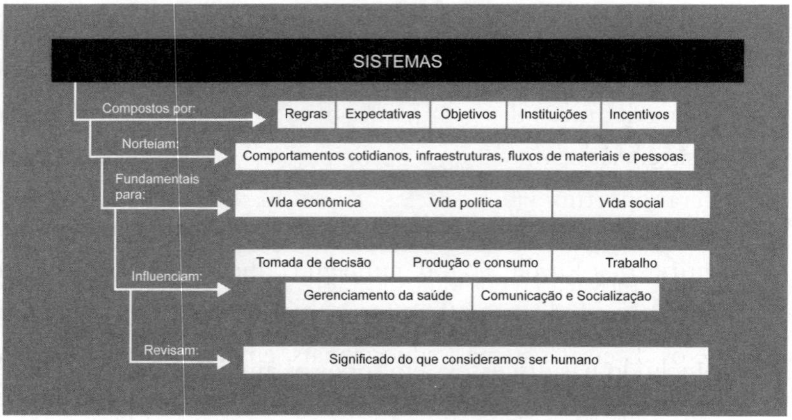

Tal estrutura sistêmica modela uma nova vida econômica, política e social gerando influências na tomada de decisões, nos padrões de produção e consumo, nas modalidades de trabalho, no gerenciamento da saúde, nas formas de comunicação e socialização, dentre outros. Todas essas mudanças impactam diretamente no significado da essência do que consideramos "ser humano", sobre o que valorizamos, como nós mesmos nos vemos e como vemos os outros, ou seja, elas afetam nossos valores e crenças. Cada revolução industrial muda nossos valores em relação a nossos comportamentos, à criatividade, à confiança e a forma como os empreendimentos ocorrem e são geridos.

As tecnologias são soluções desenvolvidas por meio de processos sociais, existem para as pessoas e instituições e possuem pressupostos, valores e princípios que afetam os poderes, as estruturas e os *status* sociais, além de afetar o processo de tomada de decisão dos líderes e dirigentes e de todos nós (SCHWAB, 2018).

Para Schwab (2018), as decisões que tomamos envolvem valores, crenças e expectativas sobre as tecnologias e seus usos. Ter esta consciência nos possibilita assumir algumas responsabilidades, tais como: a identificação dos valores relacionados às tecnologias, a compreensão de como as tecnologias impactam o processo de tomada de decisão e a determinação de como melhor influenciar o desenvolvimento tecnológico com os *stakeholders*. Assumir uma postura proativa em relação a estas responsabilidades pode ser positivo, pois saímos de uma postura passiva em relação aos impactos que as tecnologias podem gerar. Saímos da plateia e nos tornamos protagonistas, influenciadores e realizadores.

As atitudes proativas em relação aos impactos das tecnologias podem e devem ser tratadas nos programas acadêmicos, na forma como os recursos para investimentos são obtidos e liberados, na cultura organizacional como as empresas são conduzidas, na definição das prioridades durante as tomadas de decisões, na vivência das resistências sempre com a participação de todas as partes interessadas, visando gerar oportunidades com valores sociais e soluções inclusivas desde o início da inserção das tecnologias (SCHWAB, 2018). Para Schwab (2018, p. 40), "o processo de inovação tecnológica [...] tem sido o mais poderoso motor de riqueza e aumento do bem-estar desde o início da história"; portanto, ele precisa ser pensado e incluído nas discussões em todos os âmbitos da sociedade.

As revoluções industriais são resultantes dos avanços tecnológicos que ocorrem a partir das conexões que são realizadas entre as tecnologias e seus efeitos. Cada tecnologia proporciona a criação e o desenvolvimento de novas tecnologias com diversidade de possibilidades que, muitas vezes, fogem de nossa imaginação. Tapscott (1997) aponta que tecnologia só é considerada nova tecnologia quando é ofertada após nosso nascimento. Isso significa que, ao nascermos, as tecnologias existentes configuram o ambiente da época, como sendo "natural" a disponibilização de tais recursos tecnológicos e seus efeitos sobre o mundo em que vivemos. É como se esses recursos tecnológicos estivessem sempre presentes no cotidiano das pessoas. É como se fizessem parte do "meio ambiente" em que vivemos.

Dessa forma, por exemplo, para a geração de pessoas que nasceu nos anos 2000, é natural as redes digitais e não conseguir imaginar o mundo sem a internet. Para essa e outras gerações (inclusive a minha), a geladeira é uma tecnologia que faz parte do cenário "natural" de uma casa e não conseguimos imaginar como seria a conservação de produtos em ambientes não refrigerados. Os telefones celulares, tão difundidos na década de 1990, foram "novas" tecnologias para todos nós que não possuíamos acesso à telecomunicação com mobilidade. Os celulares constituíram uma grande revolução na forma de comunicação, afetando vários segmentos (para não dizer todos) da sociedade em que vivemos. Veja no Capítulo 2 deste livro como cada geração lida com os diferentes impactos tecnológicos de suas épocas.

2. As quatro revoluções industriais

Para entender o que caracteriza a 4ª Revolução Industrial, apresentaremos as principais contribuições das revoluções anteriores, de forma que seja possível a compreensão das conexões entre as tecnologias de forma cumulativa, seja em relação às evoluções tecnológicas propriamente ditas, seja a seus impactos sistêmicos.

Somente é possível usufruir de um conjunto de tecnologias quando as anteriores forem ofertadas e utilizadas. As tecnologias relacionam-se entre si, isto é, não estão dissociadas uma das outras. Por exemplo: não é possível que as tecnologias da 4ª Revolução Industrial sejam operadas se as tecnologias da 3ª Revolução não estão disponíveis (tal como: rede digital — internet). Da mesma forma que a tecnologia da internet somente é possível a partir do acesso à rede elétrica disponível pela 2ª Revolução. Para facilitar essa compreensão, observe as principais contribuições e impactos gerados por cada uma das quatro revoluções.

> **1ª Revolução Industrial (meados do século XVIII):** provocada pela mecanização da fiação e da tecelagem da indústria têxtil da Grã-Bretanha (Figura 1.2). Transformou todas as indústrias da época, além de gerar novas, tais como a de manufatura de aço, motor a vapor

e estradas de ferro. Essa revolução não somente tornou o mundo mais próspero, mas também gerou o início da degradação do meio ambiente.

Figura 1.2: Fábrica têxtil do século XVIII.

Apesar das críticas sobre esse período decorrentes da exploração do ser humano como se fosse uma máquina, a desigualdade era maior que a dos dias atuais. A renda per capita era de extrema pobreza, considerada com os níveis de hoje. Com o impacto das tecnologias dessa revolução, as taxas anuais de crescimento da Grã-Bretanha, França, Prússia, Holanda passaram de 0,2% (antes de 1750) para 2 a 3% (em 1850), além da renda per capita ter um crescimento ascendente (SCHWAB, 2018).

2ª Revolução Industrial (entre 1870 e 1930): novas tecnologias surgem em decorrência dos adventos da revolução anterior, tendo como uma das principais contribuições a energia elétrica, possibilitando a criação do rádio, telefone, televisão, eletrodomésticos, iluminação elétrica, automóveis, aviões, além do avanço de novos produtos químicos, como os plásticos termofixos e fertilizantes, e do controle mecânico (Figura 1.3). No âmbito da mobilidade do lazer e do trabalho, passamos a contar com as viagens internacionais e, no âmbito da saúde e engenharia, com programas de saneamento. Esses adventos marcaram o início do mundo moderno.

Figura 1.3: Exemplos de tecnologias da 2ª Revolução Industrial.

3ª Revolução Industrial (por volta de 1950): caracterizada pela teoria da informação e computação digital, consistindo no armazenamento, processamento e transmissão de informações digitais que mudaram drasticamente a vida profissional e pessoal do ser humano (Figura 1.4). As tecnologias dessa revolução são constituídas pela computação em geral, pelo desenvolvimento de softwares, computadores pessoais, infraestrutura digital e a internet. Entretanto, os impactos da 3ª Revolução, de forma efetiva, foram mais percebidas nos países de economias avançadas, o que favoreceu o aumento de riquezas e oportunidades nessas localidades.

Figura 1.4: Tecnologias da 3ª Revolução Industrial.

Foi na 3ª Revolução que os produtos físicos tomaram forma digital (Figura 1.5). Um dos exemplos clássicos é o disco de vinil, que hoje está disponível em formato digital e acessível em qualquer parte do mundo, podendo ser acessado em um sistema em nuvem.

Figura 1.5: Conversão de um produto físico em digital.

Discos de vinil e fita cassete

Discos compactos (CDs)

Arquivos digitais de música compartilhados em diferentes mídias

4ª Revolução Industrial: as tecnologias da 4ª Revolução dependem dos sistemas digitais da 3ª Revolução Industrial e os transforma de maneira significativa. Essas tecnologias estão conectadas entre si e causarão disrupções ainda não imagináveis. Elas crescerão exponencialmente, comporão também formas físicas (analógicas) e serão incorporadas em nossas vidas, ou seja, não ficarão apenas no âmbito digital, mas também, cada vez mais, possuirão interações com produtos físicos. Como exemplo, podemos citar as impressoras 3D, os smartphones e os exoesqueletos e próteses (Figuras 1.6, 1.7 e 1.8).

Impressoras 3D

Permite a construção de protótipos, tornando mais acessíveis economicamente, ágeis e assertivos os processos de criação de novos produtos.

Figura 1.6: Impressoras 3D.

Smartphones

Permite a extensão de nossas capacidades de armazenamento, processamento, comunicação com as pessoas, dentre as inúmeras possibilidades que temos por meio dos diferentes aplicativos. Há muito tempo, o celular (aparelho de telefonia móvel) cedeu espaço para os smartphones.

Figura 1.7: Smartphones.

Exoesqueletos e próteses

Permite o aumento da força física do ser humano e a recuperação de movimentos e capacidades físicas.

Figuras 1.8: Exoesqueletos e próteses.

Figura 1.9: Forças da 4ª Revolução Industrial.

A base estrutural das tecnologias para a 4ª Revolução Industrial é digital. Essas tecnologias favorecem a constituição de novas tecnologias combinadas entre si, modificando os processos, os serviços e os produtos. Por serem digitais, torna-se possível sua disseminação e impacto por todo o mundo de forma mais rápida do que ocorreu com a disseminação das tecnologias das revoluções industriais anteriores.

Forças da 4ª. Revolução Industrial

As forças das tecnologias da 4ª Revolução Industrial (Figura 1.9) são aumentadas de acordo com as combinações entre as tecnologias e como elas geram inovações e as possíveis criações de algoritmos cada vez mais inteligentes, computadores mais potentes e materiais físicos com novas propriedades.

Os avanços dessas tecnologias colocarão vários empregos em risco, em decorrência da automação, gerando impactos em trabalhos que tendem a desaparecer rapidamente, tais como o de auxiliar de escritório, vendedor, corretores, dentre outros. Os trabalhos menos expostos à automação estão relacionados à área de gestão, saúde, engenharias e trabalhos criativos. Os empregos tipicamente dessa revolução requerem conhecimentos técnicos e habilidades não cognitivas, gerando dificuldades para os profissionais menos qualificados. Diante desse quadro, percebe-se como necessário um reforço para que as pessoas reformulem (ou formulem) seus planos de vida, adequando cada vez mais de forma consciente o alinhamento entre as expectativas da vida profissional e pessoal.

De acordo com Schwab (2018), as tecnologias da 4ª Revolução Industrial também podem gerar outras grandes externalidades negativas, como a produção de armas de destruição em massa (armas biológicas), o uso da nanotecnologia de forma inadequada — afetando o meio ambiente e a saúde humana, a desestabilização geopolítica dos países produtores de combustível fóssil, os danos ao ecossistema pela geoengenharia, o uso da computação quântica para romper os sistemas de segurança online, o uso da neurotecnologia para manipulação das pessoas. Essas possibilidades, dentre outras, demandam novas abordagens e valores de governança, com a intenção de servir o interesse público, cumprir as necessidades humanas e favorecer a civilização global, conforme discutiremos neste capítulo.

Schwab (2018) categoriza as tecnologias da 4ª Revolução Industrial em 12 categorias, mesmo sabendo que não é possível contemplar todas, pois a todo momento surgem novas. Essas tecnologias farão interface com a biologia, a inteligência e a experiência humana, gerando efeitos sobre a "nossa vida pessoal, sobre como trabalhamos, como criamos nossos filhos e socializamos" (p. 112). Tais categorias estão agrupadas didaticamente por Schwab (2018) em quatro agrupamentos (*clusters*): tecnologias digitais extensíveis, reconstituição do futuro físico, modificação do ser humano e integração do ambiente, conforme demonstrado no Quadro 1.1.

SOCIEDADE DIGITAL: UM OLHAR PARA A REVOLUÇÃO 4.0 ■ 15

Quadro 1.1: *Clusters* e categorias das tecnologias da 4ª Revolução Industrial.

Clusters tecnológicos	Categorias das tecnologias
Tecnologias digitais extensíveis (tecnologias que ampliam nossas capacidades em relação ao armazenamento, manipulação e comunicação de informações que podem transformar o futuro)	1. **Novas tecnologias da computação:** os computadores se tornarão menores e cada vez mais rápidos e com uma estimativa de redução de custos de 30% ao ano. Tornarão cada vez mais parte integrante de nossas vidas, integrando o mundo físico ao digital. 2. **Blockchain e tecnologias de registros distribuídos:** são tecnologias que permitem a descentralização da manutenção de sistemas, eliminando uma autoridade central de controle das operações e que os sistemas sejam "hackeados". 3. **Internet das coisas:** caracteriza-se pela conexão entre aparelhos inteligentes conectados à internet, com oferta diferenciada de serviços, bem como coleta, análise e gestão de dados para geração de diferentes oportunidades. Tende a gerar um impacto na diminuição de empregos, pois reduz a necessidade de trabalhos manuais e rotineiros.
Reconstituição do mundo físico (dá-se pelo aproveitamento da expansão da largura da banda, aumento do uso dos serviços nas nuvens, aumento da velocidade e capacidade de processamento, favorecendo a produção industrial e a infraestrutura de transportes)	4. **Inteligência artificial e robótica:** constitui-se pela aprendizagem automática capaz de imitar as interações humanas em diferentes cenários e, cada vez mais, em funções especializadas, como médicos, advogados, pilotos e motoristas de caminhões. Essas tecnologias tendem à redução de trabalhos humanos especializados, além dos manuais e rotineiros. 5. **Materiais modernos:** constituem-se no desenvolvimento de novos materiais — desde organismos sintéticos a baterias de grafeno, que afetam o cotidiano de nossas vidas. Requerem uso intenso de capital, além de preocupações sobre os impactos ecológicos, barreiras da propriedade intelectual, riscos transnacionais e de transferência de conhecimentos em grande escala. Exemplos: tecnologias de plásticos, materiais compostos, baterias, filmes e resinas fotossensíveis, dentre outros. 6. **Fabricação de aditivos e impressão multidimensional:** estão relacionadas à cadeia de valor e ao movimento físico das mercadorias. Os produtos tendem a virar receitas digitais, podendo ser concebidas em qualquer lugar e disponíveis localmente por impressões 3D. Viabilizam a produção de baixo volume, permitem a prototipagem, a descentralização e a distribuição da manufatura.

(Continua)

(Continuação)

Clusters tecnológicos	Categorias das tecnologias
Modificação do ser humano (tecnologias fazem parte de nós, estarão em nosso corpo, nossa própria biologia, melhorando nossa capacidade física e interferindo em nossas vidas, nos comportamentos humanos e nos direitos humanos)	7. **Biotecnologias:** são tecnologias que afetarão as criações de bioprodutos para as áreas da saúde e alimentação, bem como todas os produtos que utilizam micróbios para produção de substâncias químicas e materiais personalizados. 8. **Neurotecnologias:** constituem-se pelo conjunto de abordagens que oferecem *insights* sobre o funcionamento do cérebro humano, permitindo extração de informações, expansão de nossos sentidos, alterações de comportamentos e interações com o mundo. Elas permitem mensurar com maior precisão a atividade cerebral. 9. **Realidades virtual e aumentada:** são tecnologias que nos permitem vivenciar inúmeros mundos limitados por nossa imaginação, ou seja, são constituídas por um conjunto audiovisual imersivo de tecnologias que permitem que as pessoas se coloquem em um ambiente virtual ou adicionem elementos virtuais ao mundo real.
Integração do ambiente (tecnologias permitirão o desenvolvimento de infraestruturas e de atividades de manutenção de sistemas globais, abrindo caminhos para decisões importantes sobre o futuro coletivo considerando todo o ambiente: terra, ar e espaço.)	10. **Captura, armazenamento e transmissão de energia:** favorecerão o desenvolvimento de materiais e práticas sustentáveis para diminuir a dependência de combustíveis fósseis, barateando o valor da energia e tendo menor impacto sobre o meio ambiente. 11. **Geoengenharia:** favorecerão o gerenciamento do clima quanto ao aumento da temperatura atmosférica. 12. **Tecnologias espaciais:** apoiarão no monitoramento do planeta e de seus ecossistemas.

Cada uma dessas tecnologias provocam não só mudanças nos modelos de gestão, como também um grande debate ético, visto que elas geram impactos em nossos atuais valores e entendimento do mundo. Conforme as intenções com que cada uma delas forem "manipuladas", poderão ser benéficas ou maléficas para a humanidade. Por isso, Schwab (2018), ao longo de todo seu livro intitulado *Aplicando a Quarta Revolução Industrial*, chama atenção para que os *stakeholders* participem ativamente de cada momento de seu desenvolvimento, até mesmo porque suas tecnologias ainda são recentes e não é sabido quais são suas consequências.

3. Desafios e princípios norteadores da 4ª Revolução Industrial

A 4ª Revolução Industrial está acontecendo em um momento que existem grandes preocupações sobre a desigualdade, tensão social e fragmentação política, visto que as populações vulneráveis estão cada vez mais expostas às incertezas econômicas e às ameaças de catástrofes naturais.

Figura 1.10: Desafios da 4ª Revolução Industrial.

Para Schwab (2018), essa revolução tem gerado desafios que ainda não estão sanados e ainda não se sabe como lidar com tais questões:

- Como garantir que os benefícios da 4ª Revolução Industrial sejam distribuídos de forma mais justa?

- Como gerenciar as externalidades da 4ª Revolução Industrial em relação aos possíveis riscos e danos, de forma que sejam diminuídas as incertezas sobre os impactos a longo prazo nos sistemas sociais e ambientais complexos?

- Como garantir que a 4ª Revolução Industrial seja liderada por humanos e para humanos, ou seja, como empoderar as pessoas como agentes com capacidade de realizar ações significativas?

Esses desafios não podem ser resolvidos de "cima para baixo" por meio de regulamentos e iniciativas dos governos (SCHWAB, 2018). É necessária a participação de todos os *stakeholders*.

Assim, a Indústria 4.0 é uma oportunidade para o país. Para aproveitar as oportunidades, foi criada uma agenda com as seguintes propostas e medidas:

1ª **Difusão do conhecimento** por meio de campanhas permanentes de comunicação, com ações em mídia espontânea, redes sociais e internet, além de seminários e *workshops* para disseminação dos conceitos e aplicações-piloto, com instituições parceiras e conforme demanda do público-alvo.

2ª **Autoavaliação como forma de avaliar** o grau de maturidade da indústria rumo à jornada da Indústria 4.0.

3ª **Conexão com parceiros de negócios** para digitalização e modernização do parque industrial.

4ª **Apoio às empresas do Brasil mais Produtivo 4.0**, por meio da aplicação da manufatura enxuta e suporte para que as interessadas em um país mais produtivo migrem para o primeiro passo da digitalização industrial.

5ª **Oferta de soluçõe**s para que as empresas possam testar, experimentar e prototipar processos de implantação dessas tecnologias.

6ª **Criação e fomento de um ambiente** de conexão entre startups e indústrias, a fim de promover o desenvolvimento tecnológico de soluções a partir de demandas industriais e fomentar novas formas de gestão de desenvolvimento tecnológico baseadas em métodos e ferramentas ágeis e foco em cliente.

7ª **Mapeamento de competências**, entendimento das demandas de mercado, requalificação de trabalhadores e preparação das novas gerações para o mundo 4.0.

8ª **Definição de regras legais** de forma adequada, visando fornecer condições básicas para que as empresas brasileiras migrem para um mundo 4.0.

Observe que, por meio dessa agenda, um dos passos essenciais é o acesso ao conhecimento, a formação profissional e a forma de gestão dessas organizações da Indústria 4.0, demonstrando o quanto o conhecimento e a educação são considerados essenciais enquanto insumo para que o Brasil seja incluído nas diversas fases da incorporação das tecnologias da Indústria 4.0. Essa agenda demonstra a importância dessa temática no âmbito federal.

Schwab (2018) também sugere que os *stakeholders* tenham em mente quatro princípios que podem ajudar na modelagem da 4ª Revolução Industrial, para que os benefícios favoreçam mais pessoas. Estes princípios são:

- As tecnologias em si não proporcionam o bem-estar. Quem proporciona o bem-estar são os sistemas que contam com vontade política e investimentos e cooperação entre as partes interessadas.

- As mudanças tecnológicas devem favorecer o empoderamento, de forma que valorize a tomada de decisão, para que as pessoas possuam mais escolhas, oportunidades, liberdade e controle sobre suas vidas, ou seja, que assumam a posição de protagonistas.

- O design, seja o *design thinking* ou o pensamento sistêmico (*systems thinking*), pode ajudar a melhor entender as estruturas que orientam o mundo e como as novas tecnologias podem favorecer as novas configurações.

- Todas as tecnologias "carregam" em si valores. Elas não são neutras. Desde o momento em que são concebidas, já trazem consigo os valores dos envolvidos em seu desenvolvimento. Portanto, devemos participar dessa composição de valores ao longo de todas as fases da inovação e do desenvolvimento das tecnologias, e não apenas quando ela gera danos às pessoas. "As tecnologias e a sociedade se moldam uma à outra" (SCHWAB, 2018, p. 68). As tecnologias geram mudanças na sociedade e a sociedade gera mudanças nas tecnologias, de forma contínua e crescente em suas transformações.

Considera-se que, a partir do entendimento e atuação sobre os desafios e contando com os princípios para lidar com os benefícios e obstáculos da 4ª Revolução Industrial, é possível moldá-la de forma que favoreça um maior número possível de pessoas, para que essas usufruam do bem-estar. Schwab (2018) alerta sobre a importância da mudança da forma de pensar, pois não é possível lidar com as contribuições das tecnologias da 4ª Revolução com a cabeça situada nas revoluções anteriores, seja em relação aos modelos de gestão ou de governança dos diferentes segmentos sociais, culturais, econômicos, educacionais e de saúde. Esse autor reforça esse pensamento quando diz: "a internet é um novo ecossistema de criação de valor que teria sido impossível imaginar com a mentalidade amarrada à 2ª Revolução Industrial" (p. 52).

4. Alguns dados quantitativos sobre os contextos e impactos das diferentes revoluções industriais

Se estamos na 4ª Revolução Industrial, é porque usufruímos dos benefícios e conhecimentos gerados pelas revoluções anteriores; entretanto, o usufruto desses benefícios não ocorreram da mesma forma para todos. Muitos ainda não tiveram acesso a eles, sendo que apenas parte da população mundial pode aproveitar e se empoderar deles. Entretanto, para que um país possa usufruir dos ganhos da 4ª Revolução Industrial, não é necessário passar por todas as fases das revoluções industriais anteriores — por exemplo, um país não precisa investir em telefone fixo para favorecer o acesso às redes de telecomunicações para a população.

Também sabe-se que as tecnologias das diferentes revoluções industriais favoreceram a ascensão do padrão de vida em geral, em todo o mundo, apesar de a riqueza estar acumulada cada vez mais em menos pessoas. Da mesma forma que o acúmulo do conhecimento produtivo não é um fenômeno universal, pois favorece apenas o aumento efetivo da qualidade de vida onde esse conhecimento está acumulado.

As desigualdades e os benefícios das revoluções industriais podem ser vistos por meio de alguns dados quantitativos no Quadro 1.2 como uma forma de contextualizar a complexidade das condições em que nos encontramos.

Quadro 1.2: Dados quantitativos sobre alguns impactos das revoluções industriais.

Educação e trabalho	• Em 2014, 263 milhões de crianças e jovens em todo o mundo não frequentavam a escola. • Desde 1990, estima-se que em torno de 89% das perdas dos postos de trabalho da indústria dos EUA são decorrentes da forma como foram feitos investimentos em bens de capital. Em alguns casos, comunidades inteiras foram desintegradas.
Acesso à internet	**Até 2018** • Mais da metade da população mundial (cerca de 3,9 bilhões de pessoas) ainda não tem acesso à internet. • Nos países em desenvolvimento, a proporção offline é de 85%, contra 22% no mundo desenvolvido.

Condições econômicas	**Desde a 1ª Revolução Industrial** • A renda real média per capita nas economias dos países da Organização para a Cooperação e Desenvolvimento Econômico (OCDE) aumentou em torno de 2.900%. **Atualmente** • Os salários médios das economias mais avançadas estão estagnados ou em queda. • Quase 10% das pessoas vivem na pobreza extrema.
Velocidade de disseminação das tecnologias	• O telefone levou 75 anos para atingir 100 milhões de usuários, enquanto a internet levou apenas uma década. O celular levou menos de 20 anos, o Facebook em torno de cinco e o WhatsApp, menos de 5 anos.
Condições ambientais	• As espécies estão sendo extintas em taxas 100 vezes maiores que o normal. • Em 1800, apenas 3% da população mundial, de 1 bilhão de pessoas, vivia em áreas urbanas. • Em 2018, mais de 50% dos 7,4 bilhões de habitantes do mundo vivem em áreas urbanas, sendo que 92% sofrem com a poluição. • Em 2050, haverá mais plástico do que peixes nos oceanos em termo de peso. • O CO_2 mundial e as emissões estão 150 vezes maiores que em 1850. • Em 2100, o mundo corre o risco de ficar 4°C e 6°C mais quente do que é hoje.
Negócios	• O Google controla quase que 90% dos negócios de publicidade em buscas. • O Facebook controla 77% do tráfego social móvel. • A Amazon tem quase 75% do mercado de e-books.

5. As eras agrícola, industrial e da informação: outra abordagem de entendimento das mudanças que impactam a forma como vivemos

Na década de 1980, o autor Alvin Toffler, em seu livro *A Terceira Onda* apresentou de forma estruturada e didática como a humanidade tem se organizado de acordo com os movimentos de criação de riquezas e como essa riqueza influencia o poder político, econômico, social, cultural, filosófico, institucional, dentre outros. Para explicar sua teoria, ele não utilizou a terminologia das revoluções, mas de Eras, também denominadas de Ondas. O entendimento da análise de Toffler complementa a percepção dos impactos das revoluções industriais apresentadas anteriormente. Toffler (1980) classificou esses grandes momentos da humanidade nas eras agrícola, industrial e da informação.

Na Era Agrícola (Quadro 1.3), a economia girava em torno da terra, como sendo o principal interesse de conquista. Tendo como referência uma análise macro, o poderio dos países era considerado em função das conquistas territoriais, não sendo à toa que os grandes investimentos eram em transportes marítimos, em caravelas e embarcações que garantissem a descoberta de novas terras e ali delimitar e demonstrar o poder para iniciar uma nova colonização. A dimensão territorial de um país tinha relação direta com o poder econômico, político e social.

Quadro 1.3: Era Agrícola.

De uma perspectiva micro, as riquezas eram constituídas pelas aquisições de terras e o objetivo eram as produções agrícolas e pecuárias, sedimentas no uso de seus espaços territoriais. Nesse período, o trabalho do ser humano e dos animais era o grande gerador de energia, enquanto outros indivíduos estavam dedicados a uma produção artesanal caracterizada pelo trabalho manual, muitas vezes de subsistência, em baixa escala, com conhecimento repassado de "pai para filho", perpetuando a tradição familiar.

Vale dizer que esse modelo produtivo artesanal também é caracterizado pela visão sistêmica do processo. Por exemplo: é bem provável que o sapateiro seria a mesma pessoa (ou apenas estaria envolvido no processo) responsável em "matar" o boi, curtir o couro, elaborar o desenho do sapato, fazer o corte e a costura, vender, receber o pagamento e prestar a "assistência pós-venda". Ou seja, o artesão era conhecedor de toda a cadeia produtiva, além de ser o "patrão", dono de seu negócio e da administração de seu tempo, de acordo com suas necessidades. O ser humano era valorizado pelas boas condições físicas e força muscular e o mínimo de conhecimento sobre como e quando plantar e colher.

Com os adventos da 1ª e 2ª Revoluções Industriais, esse cenário da Era Agrícola mudou completamente. As populações migraram das zonas rurais para os centros urbanos, na busca de novas oportunidades de trabalho, e depararam-se com as indústrias com produção em massa, serial, padronizada (pelo menos com intenção de ser), em elevada escala, com um comércio abundante e em volume.

O artesão sai de seu papel de "dono de seu negócio" para se tornar um proletário em condições precárias para realizar seu trabalho, com jornadas extensas, sem proteção, sob o comando autoritário dos "capatazes", tirando deles sua liberdade de agir, além de restringir sua visão sobre o processo de produção, passando a valorizar a especialização, ou seja, a fragmentação do trabalho. O foco nesse período era a busca da eficiência, os trabalhos eram repetitivos, cansativos e enfadonhos. Foi nesse período que sugiram, na Grã-Bretanha, os movimentos sindicais contra o poderio dos industriais, que exploravam os trabalhos dos operários e ofereciam péssimas condições nos ambientes das fábricas.

O período da 2ª Revolução Industrial, que constitui a Era Industrial, foi muito bem representado no filme *Tempos Modernos* de Charles Chaplin, no ano de 1936, que apresenta o trabalhador realizando tarefas repetitivas como se fossem máquinas.

Outro movimento forte, nesse período, foi o do cooperativismo. As cooperativas eram constituídas por operários que saíam das fábricas e se organizavam para "concorrer" com seus antigos "patrões", disseminando a ideia de que as organizações poderiam ser geridas e controladas pelos proprietários, sendo, nesse caso, os trabalhadores que se tornariam cooperados, ou seja, os donos do negócio. A proposta era que as cooperativas fossem geridas com os princípios e práticas democráticas e participativas. Os princípios das cooperativas foram estabelecidos em 1844, em Rochdale, na Grã-Bretanha, e ainda hoje são mencionados para a constituição de cooperativas, inclusive no Brasil, sendo eles: adesão voluntária, gestão democrática, participação econômica dos membros, autonomia e independência, educação, formação e informação, intercooperação e interesse pela comunidade.

Os movimentos sindical e das cooperativas resultaram nas melhorias das condições de trabalho que conhecemos até hoje como os benefícios ao trabalhador e as melhorias dos ambientes físicos de trabalho. Os industriais perceberam que, se oferecessem melhores condições para os trabalhadores, eles melhorariam a produtividades e, consequentemente, ganhariam maiores lucros. Esse contexto de más condições de trabalho e exploração do trabalhador ficou conhecida como "capitalismo selvagem".

Com a Era Industrial, a sociedade começa um novo modelo de sociedade, o das organizações. Ele sai de um modelo agrário, com o foco na terra, para a valorização das grandes organizações, principalmente as industriais. Tal mudança provoca inúmeros impactos sociais, econômicos, culturais, ambientais e políticos, pois o poder, em suas diversas esferas, sai dos grandes detentores de terras para os industriais, criando a classe dos empresários e dos burgueses responsáveis pela produção e comercialização dos novos produtos ofertados para a população. A riqueza passou a ser a manufatura industrial e o comércio. Na Era Industrial, o trabalhador "exemplar" era aquele que obedecia as regras, tinha elevado grau de obediência, baixo nível crítico e limitado a realizar o que lhe mandassem fazer.

A Era da Informação é caracterizada pela entrada dos computadores na sociedade, iniciando os processos de automação, seja nas linhas de produção, seja na geração de dados e informações, para o controle e tomadas de decisões em todos os âmbitos organizacionais e institucionais. Nesse momento, o foco passa a ser: o importante não é ter maquinários, equipamentos e prédios, mas ter acesso à informação. Os computadores, enquanto tecnologia, são incorporados em todos os segmentos de nossas vidas e acontecem as explosões das ofertas dos computadores pessoais, indo bem além dos antigos *mainframes* lentos, caros e com capacidade ínfima de armazenamento e de processamento.

Entretanto, ter acesso à informação não é suficiente, é preciso ter conhecimento, que tem relação com o saber fazer. Saber fazer tem relação com acesso a uma educação de qualidade, visto que é por meio dela que o indivíduo consegue saber o que fazer, principalmente na sociedade digital, que constitui o ambiente da 4ª Revolução Industrial — constituída pelo uso do conhecimento tecnológico baseado na informação e nos processos de comunicação digital integrados às estruturas físicas e biológicas.

O valor do ser humano sai de sua força física e passa para o conhecer, sendo o conhecimento o principal insumo da sociedade digital. É por meio do conhecimento que as oportunidades são aproveitadas e gerados os novos empreendimentos desta Era, a Digital.

A apresentação das Eras, segundo Toffler (1980), tem por objetivo demonstrar que os processos de mudanças que estamos vivenciando na 4ª Revolução Industrial é decorrente de todos os avanços da humanidade anteriormente apresentados, visando reforçar o quanto é importante estarmos atentos ao que está acontecendo a nosso redor e, como Schwab (2018) propõe, atuarmos de forma ativa, fazendo a "modelagem" desse novo momento que a humanidade vive, mesmo sabendo que nem todos são beneficiados por suas contribuições.

6. Compreensão da 4ª Revolução Industrial e da Educação 4.0

Compreender os efeitos da 4ª Revolução Industrial significa, pelo menos, estar ciente sobre as necessidades de criar novas estratégias pedagógicas para atender aos alunos, como Paulo Freire (1999) mencionava sobre a importância de não considerar o aprendiz/educando receptor de conteúdos sem significados para eles, além de ter rompido paradigmas sobre o processo de alfabetização, o qual deve estar de acordo com a realidade do contexto do aluno. Portanto, faz parte de um processo de inclusão propor estratégias no contexto da educação que prevejam conhecimentos necessários para lidar com as questões trazidas pelas novas tecnologias digitais que estão disponíveis ou que estão em fase de desenvolvimento para os ambientes educacionais, dentro e fora das escolas.

O que muda na educação a partir da 4ª Revolução Industrial é a necessidade eminente e urgente de incluir como objetivo educacional o desenvolvimento de pessoas/ indivíduos com capacidade de empreender e de assumir posições de autonomia, não só porque empregos e trabalhos diminuirão, mas também porque esse novo modelo de sociedade exige indivíduos que consigam aproveitar melhor as oportunidades do mundo digital, sendo atores e protagonistas de suas próprias histórias. Caso contrário, a distância entre quem faz e quem não faz ficará cada vez maior. Se o processo educacional deve ser inclusivo em todas as dimensões, não é oportuno desconsiderar o contexto digital.

Ainda não é sabido o que essas mudanças provocarão. Sabe-se que elas são incertas, podem ser promissoras ou perigosas. Para Schwab (2016), o futuro dependerá dos esforços coletivos, das contribuições globais e dos conhecimentos compartilhados que podem favorecer positivamente os contextos sociais, cultural, econômicos e todos aqueles que afetam os humanos.

Uma das grandes mudanças efetivamente percebidas com a 4ª Revolução Industrial é a velocidade, a profundidade, a amplitude e o impacto sistêmico (SCHWAB, 2016). A mudança na velocidade tem relação com o ritmo acelerado e não linear de todas as transformações e, a cada nova tecnologia, com a geração de outras mais novas e cada vez mais qualificadas, mais dinâmicas e mais transformadoras. Quando Schwab (2016) menciona a amplitude e profundidade das transformações resultantes das combinações das várias tecnologias da 4ª Revolução Industrial, ele se refere às modificações sobre o "que" e "como" fazemos e "quem somos", em outras palavras: o impacto sistêmico transforma países, empresas, indústrias, cultura, educação e todos os demais sistemas, inclusive no âmbito do indivíduo. As mudanças ocorrem no âmbito dos macro e microssistemas em que vivemos.

Colocar as tecnologias no papel central das ações educativas não é adequado, mas ignorá-las é omissão e demonstra uma atitude passiva dos líderes envolvidos com a educação. O ser humano é o objetivo central a ser beneficiado e desenvolvido com os sistemas educacionais, mas a educação e os processos educacionais inerentes a esse segmento devem estar integrados ao meio em que vivemos e às necessidades desse meio que, atualmente, demanda um posicionamento proativo e empreendedor em relação ao uso das tecnologias digitais.

Os avanços tecnológicos não são descobertas humanas sobre algum tesouro que estava escondido em um lugar secreto. As tecnologias são resultantes do desenvolvimento da humanidade no campo científico e tecnológico. A não incorporação das tecnologias digitais em nossas vidas pode ser uma escolha, um modelo de vida, mas mesmo quem não opte em utilizá-la diretamente para a realização de um trabalho, de alguma forma, estará sendo afetado em vários âmbitos de sua vida por quem as utiliza (na engenharia de sua casa, nos alimentos que consome nas refeições, nos filmes a que assiste, nos transportes que utiliza, nos hospitais quando necessita de um atendimento médico).

Pierre Levy (1996) alertou em seu livro *As Tecnologias da Inteligência* sobre o imperativo tecnológico, demonstrando a força das tecnologias digitais em nossas vidas. Discutir sobre o uso ou não das tecnologias digitais no início do século XXI parece ser estranho ou, pelo menos, fora de contexto. As discussões adequadas seriam aquelas que propõem reflexões sobre quais as melhores formas de utilizá-las, como podem, de forma positiva, favorecer os educandos e o futuro de todos nós.

No cenário da 4ª Revolução Industrial, emerge a Educação 4.0, que tem como foco o uso das tecnologias digitais e podem contar com as estratégias das metodologias ativas, propondo que o aluno seja o protagonista (empreendedor) de seu projeto de vida e de sua carreira. A Educação 4.0, que incorpora as tecnologias digitais e as metodologias ativas, é "elitista"/excludente, pois é provável que boa parte dos indivíduos não terá acesso a elas. Entretanto, um dos objetivos deste livro é trazer a discussão do uso das metodologias ativas no contexto da 4ª Revolução Industrial, visando propor diferentes estratégias ao longo dos capítulos que serão apresentados posteriormente.

7. A importância do trabalho pelo prazer na 4ª Revolução Industrial

Cortella (2017) no livro *Qual é a tua obra?* trata, dentre outros temas, do trabalho como fonte de prazer, modificando a antiga ideia de que trabalho é castigo, é ruim e está relacionado a sofrimento. Na perspectiva desse autor, o trabalho é tão significativo que pode ser percebido como uma obra, uma obra da vida. Essa percepção torna-se essencial para quem está inserido ou deseja se inserir no contexto da 4ª Revolução Industrial.

O movimento para estímulo do espírito empreendedor nunca foi visto com tanta intensidade como temos visto e, quando pensamos no contexto dessa revolução industrial, é fácil perceber esse movimento sendo "traduzido" pelas iniciativas públicas e privadas para a constituição de startups, sejam elas decorrentes do uso de novas tecnologias digitais ou não, conforme apresentado no Capítulo 8 deste livro.

Se pensamos que a educação é um meio para que os indivíduos possam desenvolver sua autonomia e se posicionar de forma ativa em suas vidas e no mundo em que vivem, é importante que essa educação associe suas iniciativas pedagógicas aos interesses dos indivíduos, tornando-se uma ponte para que esses atinjam seus objetivos. Tal possibilidade pode ser obtida pela promoção de discussões e de diferentes estratégias para que as pessoas (educandos) possam refletir e estruturar seus projetos de vida, o que torna-se essencial no contexto da 4ª Revolução Industrial, que demanda por pessoas proativas e capazes de conduzirem seus próprios sonhos. Dentre algumas dessas estratégias, é possível sugerir (Quadro 1.4):

Quadro 1.4: Estratégias para definição de uma carreira no contexto da 4ª Revolução Industrial.

Estratégia	O que propor
Projetos de vida	Sugerir que os educandos discutam seus projetos de vida, tendo como referência seus sonhos e seus valores, constituindo os desejos que desejam atingir ao longo de suas vidas nas diferentes dimensões (profissional, familiar, espiritual, saúde, dentre outros).
Rompimento dos mitos da carreira de sucesso	Promover a quebra de paradigmas sobre o sucesso, visando ampliar o entendimento de que o sucesso vai além de ter apenas salários elevados e de curto prazo e de que o sucesso tem uma relação com estar bem consigo mesmo.
Promoção do autoconhecimento	Conhecer a si mesmo é uma forma que o indivíduo possui para entender melhor seus pontos fortes e fracos, o que favorece as escolhas que trarão uma maior satisfação. Conhecer a si mesmo também é uma forma de identificar os talentos, tendo como referência os pontos fortes de cada um de nós.

Estratégia	O que propor
Mentoria	Estimular a identificação de pessoas de referência, para que o educando tenha um direcionamento próximo de possíveis ações e atitudes que podem ser utilizadas de forma que lhes favoreça a visualização de percursos para a realização dos sonhos.
Coaching	Uma orientação estruturada para atingir um determinado objetivo em um curto espaço de tempo é o que pode ser obtido por meio de sessões de coaching, contando com o apoio de um profissional especializado para tal finalidade.
Planejamento de carreira	Um plano prático e operacional para estabelecer metas e objetivos de curto, médio e longo prazo. Muitas vezes, ao realizar um coaching profissional, obtém-se como resultado um planejamento de carreira.
Teste vocacional	Estratégia utilizada para identificar as aptidões de um indivíduo conforme os traços de personalidade e comportamento.
Networking	Estimular que os educandos gerem relacionamentos interpessoais de forma positiva, para que estabeleçam conexões entre as pessoas e que essas possam favorecer possíveis oportunidades futuras.

Torna-se necessário trazer o entendimento de que o trabalho faz parte de nossas vidas, de que ele é um meio não apenas para obter ganhos financeiros, mas de que também é por meio dele que constituímos boa parte de nossa vida social, fazemos laços de amizades, aprendemos diferentes conteúdos e geramos diferentes oportunidades para nossas vidas. O trabalho na 4ª Revolução Industrial deveria ser visto como um objetivo do prazer, da satisfação, pois somente com empenho, dedicação e espírito positivo é que conseguiremos nos incluir.

Recapitulando

O entendimento da amplitude e dos impactos das Revoluções Industriais é fundamental para que as lideranças em todos os âmbitos da sociedade possam atuar de forma consciente e sempre ponderando suas possibilidades de inclusão e os benefícios (ou não) que elas podem gerar. A consciência dessa compreensão nos posiciona como protagonistas em relação aos avanços tecnológicos, tirando-nos da zona de conforto e de um posicionamento que apenas faz críticas aos processos de inovação tecnológica, mas que pouco realiza para efetivamente mudar as condições de vida da humanidade, além de um discurso crítico e reativo. Este capítulo reforça o quanto é importante assumir uma postura empreendedora e realizadora para incluir de forma positiva a população nos diferentes momentos em que cada parte do mundo se encontra, visando, assim, uma transformação social.

Para refletir

Conforme apresentado neste capítulo, sabemos que os avanços tecnológicos das diferentes revoluções industriais não foram e não estão acessíveis para toda a humanidade, sendo que alguns possuem maiores privilégios de usufruto que outros. Tal desigualdade gera um desequilíbrio nas oportunidades em todos os âmbitos do viver: lazer, educação, trabalho, renda, moradia etc. Diante desse entendimento, questiono:

- É positivo estimular a incorporação das novas tecnologias da 4ª Revolução Industrial, visto que parte da população ainda não teve acesso às tecnologias das 2ª e 3ª Revoluções Industriais? Liste as oportunidades e as ameaças que esse estímulo pode gerar.

- Esse reforço para a incorporação das tecnologias da 4ª Revolução Industrial confronta com o movimento pela busca de uma justiça social?

Referências

CORTELLA, M. S. *Qual é a tua obra?* Inquietações propositivas sobre gestão, liderança e ética. Petrópolis, RJ: Vozes, 2017.

FREIRE, P. *Pedagogia da autonomia:* Saberes necessários à prática educativa. Rio de Janeiro: Paz e Terra, 1999.

LEVY, P. *As tecnologias da inteligência.* São Paulo: Editora 34, 1996.

SCHWAB, K. *A Quarta Revolução Industrial.* São Paulo: Edipro, 2016.

_____. *Aplicando a Quarta Revolução Industrial.* São Paulo: Edipro, 2018.

TAPSCOTT, D. *Economia Digital.* Promessa e perigo na era da inteligência em rede. São Paulo: Makron Books, 1997.

TOFFLER, A. *A Terceira Onda.* Rio de Janeiro: Record, 1980.

— *Leonor Santana*

CAPÍTULO 2

COMPORTAMENTO DOS SUJEITOS NA SOCIEDADE 4.0

Introdução

A característica principal do mundo contemporâneo é a mudança em ritmo acelerado, impactando os diferentes espaços — trabalho, carreira, educação, relações interpessoais, lazer. Esse contexto desperta interesse de estudo em diferentes áreas da Ciência — Sociologia, Psicologia, Economia, Administração —, que necessitam compreender as questões comportamentais contemporâneas. Dessa forma, o objetivo deste capítulo é abordar as teorias geracionais e como cada geração se relaciona com o trabalho, a educação e o desenvolvimento, a profissão e a carreira.

1. Sociedade 4.0 — comportamento, educação e trabalho

A sociedade vivencia uma emergência de adaptações em ritmo acelerado, em função da revolução tecnológica ocorrida a partir da década de 1960, que tem impacto em diferentes setores, como o econômico, o político, o educacional, a comunicação e as relações de/com o trabalho.

Para lidar com essas mudanças, torna-se necessário compreender de que forma essas alterações impactam e são impactadas no e pelo comportamento das pessoas e em seus projetos de vida. Se em meados do século XX era importante fazer parte de uma empresa por toda uma vida, no atual mundo líquido a perspectiva de compromisso por longo tempo pode impedir de vivenciar novas e diversas possibilidades e oportunidades, não somente no trabalho, mas também nas diversas áreas da vida (BAUMAN, 2009).

Nos diferentes grupos: o familiar, o educacional, o profissional e o social, as alterações nas relações entre as pessoas e dessas com as coisas ocorreram e ocorrem em um ritmo cada vez mais rápido. No que tange às teorias geracionais, o intervalo entre uma geração e outra está cada vez menor — antes em torno de 20 anos e, atualmente, observa-se intervalo abaixo de 10 anos.

Estamos inseridos na 4ª Revolução Industrial, como já tratado no Capítulo 1, fazendo parte de mudanças significativas em todos os setores — desde o surgimento de novos modelos de negócios, a forma como consumimos (e o que consumimos) e nos comunicamos (ou não), até a relação com a educação e o trabalho.

No tocante ao mundo do trabalho, aqui compreendido como um conjunto de fatores que envolvem a relação da atividade humana de trabalho, o meio ambiente, as normas relacionadas, o produto, as tecnologias envolvidas, ou seja, todas as relações que surgem a partir da atividade humana de trabalho (FIGARO, 2008), torna-se imprescindível a reflexão sobre como nos relacionamos com esse universo e qual a perspectiva em relação a esse aspecto da vida.

Um dos impactos da 4ª Revolução Industrial é justamente o setor econômico, especificamente o emprego — que retomaremos neste capítulo. Apenas para recordar, a Figura 2.1 resume as revoluções industriais.

Uma das preocupações sobre a tecnologia (e seu impacto econômico) é a possibilidade de substituições de pessoas por máquinas; o desaparecimento de postos de trabalho e profissões. O debate é antigo e, também, atual — a revolução pela qual passamos tem por características a velocidade, amplitude, profundidade (muitas mudanças radicais ocorrendo simultaneamente) e transformação de sistemas (SCHWAB, 2016). A certeza de que se tem é que a natureza do trabalho será alterada significativamente pelas tecnologias.

Figura 2.1: Revoluções industriais.

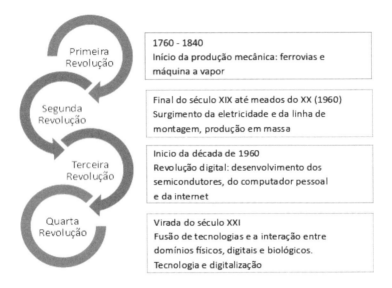

Nesse aspecto é fundamental compreender os aspectos comportamentais que fazem parte desse momento e como os sujeitos, de diferentes momentos de vida, lidam com as mudanças tecnológicas, que repercutem nos diferentes setores da vida: social, educacional, profissional e familiar.

E você? Em qual momento se inscreve no mundo?

2. Trabalho, profissão e carreira

Conforme tratado nos demais capítulos, os impactos da 4ª Revolução Industrial atravessam a economia, os negócios, a política, a sociedade e o indivíduo — do macro ao micro. No que tange às questões de economia e negócios, as relações de trabalho, profissão e carreira são diretamente influenciados.

É inegável a importância do trabalho em nossa vida. Pare e reflita: quantas horas por semana você passa em seu local de trabalho ou em uma atividade de trabalho? Em geral, passamos mais tempo de nosso dia em atividade de trabalho do que em lazer ou atividades sociais. Mas trabalhamos para quê? A resposta aparentemente mais lógica seria porque precisamos ganhar a vida, obter recursos — trabalhamos porque precisamos do dinheiro! Mas será que é somente essa a motivação?

Como escreveu o poeta Charles Bukowski, ganhe a vida fazendo o que te dá prazer e você estará seguro de nunca trabalhar. Essa é uma fala que remete o trabalho a algo negativo. Basta observar frases ou imagens nas redes sociais referentes à chegada do final de semana ou das férias (Figura 2.2).

Schwartz (2018) discute a questão e afirma que as pessoas que estão satisfeitas e comprometidas com o trabalho, com a atividade que desenvolvem, têm razões, que não são as monetárias, para o trabalho. Entretanto essa relação de comprometimento e satisfação com o trabalho, de acordo com uma pesquisa da Gallup, diz respeito a apenas 13% das pessoas. Como, então, podemos reverter esse cenário?

Figura 2.2: À espera do final de semana.

Podemos retomar a própria origem da palavra "trabalho" para iniciar uma reflexão sobre o tema. A palavra trabalho deriva de *tripalium*, que tem como significado "ferramenta de tortura". Na Antiguidade, trabalho estava associado a atividades repetitivas, braçais, manuais, que deveriam ser executadas por escravos. Aristóteles referia-se ao trabalho como atividade inferior, que impedia o desenvolvimento intelectual. Atividades consideradas superiores (intelectuais) não eram tratadas como trabalho (SANTANA; CHAMON, 2017). Faz sentido, então, ainda nos dias atuais, o trabalho ser antônimo de prazer, satisfação e realização (Figura 2.3).

O que não podemos negar é que trabalho torna-se central na vida das pessoas, pelo qual se adquire recursos e que possibilita o sucesso econômico, além de que é um dos aspectos da construção da identidade pessoal e da própria atuação no meio social. É uma atividade que estrutura a sociedade. Em uma perspectiva educativa, o trabalho e as ações desenvolvidas por ele produzem os meios de existência, social, cultural e comportamental.

Figura 2.3: Trabalho como tortura.

Se no início de sua concepção o trabalho tinha a função de atender às necessidades de sobrevivência do homem, ao longo da história essa concepção se alterou e ampliou, sendo a possibilidade, em uma conotação econômica, de alcançar riquezas.

O contraponto do trabalho como uma tortura é desenvolver atividades imbuídas de significado positivo, que possibilitem, além da sobrevivência material, a identificação em uma dimensão simbólica que permeia a construção (e confirmação) de uma identidade profissional, com realização pessoal e reconhecimento social. É nesse aspecto que Schwartz (2018) conduz a discussão sobre o tema, argumentando que quanto mais significativo o trabalho é para o indivíduo, o resultado de sua atividade será melhor. Acreditando nisso que as organizações têm grande interesse em compreender o comportamento organizacional, visando ter profissionais comprometidos e desempenhando de forma eficiente e eficaz suas atividades e, consequentemente, tendo mais produtividade.

Ainda sobre as alterações nas relações entre o homem e o trabalho, há de se destacar as tendências nessas relações em função das alterações das estruturas organizacionais como consequências da busca de otimização de recursos (materiais e humanos). A configuração do trabalho atual apresenta diferentes formas, como empreendedorismo, cooperativismo, trabalho voluntário (SANTANA; CHAMON, 2017).

Na perspectiva apontada por Bauman (2001), no contexto da modernidade líquida, o mundo do trabalho também é marcado pela flexibilidade, incerteza e busca de satisfações em curto prazo, mostra-se como uma sucessão de episódios em busca de atendimento às exigências momentâneas.

Em relação ao cenário brasileiro, as mudanças atuais — tecnológicas, organizacionais ou de gestão —, somam-se aos anseios e desafios que já fazem parte do processo de inserção no mundo do trabalho, principalmente ao jovem, que atravessa fase caracterizada por momento de mudanças.

Outro conceito importante de se destacar é o de "profissão". Podemos considerar "profissão" e "trabalho" sinônimos? De acordo com Dubar (2012), o termo "profissão" pode ter dois sentidos: o de uma totalidade de empregos/ocupações reconhecidos e o de profissões liberais, originárias das corporações, criadas como forma de controle dos ofícios.

Historicamente, as corporações constituíam-se sob a forma de ofícios reconhecidos, nos quais se realizava uma arte. Incluíam tanto as artes liberais, intelectuais, quanto as artes mecânicas. Com o desenvolvimento das universidades, essas artes liberais e mecânicas começam a se dissociar, sendo atribuída às primeiras, associadas ao intelecto, uma conotação nobre, ao passo que as artes mecânicas ficam associadas ao manual, braçal e de menor importância (Figura 2.4). Isso nos remete à associação, nos primórdios da história, de trabalho com atividades manuais, braçais, destituídas de refinamento e valorização, com conotação negativa — como tortura (lembram?) (DUBAR, 2005; BORGES, YAMAMOTO, 2014).

O Ministério do Trabalho e Emprego conceitua profissão como uma atividade desenvolvida mediante estudo e/ou qualificação reconhecida (BRASIL, 2018). O surgimento de uma profissão ocorre, então, quando um grupo de pessoas se utiliza de uma técnica, a partir de uma formação específica (DUBAR, 2005).

Assim, uma profissão está relacionada às atividades intelectuais, que demandam conhecimento específico, com uma certificação que autoriza sua prática.

Podemos, ainda, considerar uma profissão sob duas abordagens: a profissão como conjunto de qualidades e características que a distingue dos ofícios, uma vez que demanda formação técnica fundamentada, controle das ações por meio de um código de ética e uma comunidade dos membros que regulam essas ações (SANTANA; CHAMON, 2017).

Figura 2.4: Trabalho x Profissão.

Tem-se aí uma competência legitimada e que se posiciona de forma superior às demais. Outro aspecto constituinte da institucionalização da profissão é a relação entre o profissional, detentor dos saberes específicos e legitimados, e o cliente, que depende desses saberes para que suas necessidades sejam atendidas (características de profissões liberais).

Na segunda abordagem, a ênfase é sobre os processos. Para além dos conhecimentos técnicos que se desenvolvem para dar conta das necessidades sociais e, como resultado das interações e processos sociais, a divisão de trabalho se estabelece e passa a ser o ponto de análise das profissões. Os dois atributos essenciais que caracterizam os profissionais e que estabelecem essa divisão de trabalho são o diploma e um mandato.

O primeiro diz respeito ao conhecimento específico, legitimado pela licença (autorização legal), que constitui a relação entre profissional e cliente. O mandato é a obrigação legal de assegurar uma função específica. Esses atributos possibilitam que as diferentes funções, valorizadas pela sociedade, sejam distribuídas entre os componentes dessa sociedade e, dessa forma, promovam hierarquização das funções e identificação daquelas consideradas legítimas (SANTANA; CHAMON, 2017).

Outro aspecto dessa abordagem é a necessidade do credenciamento do profissional autorizado a exercer a profissão — isso se torna um mecanismo regulador da relação entre o profissional e a sociedade —, além da existência de instituições que regulamentam as práticas, tais como os conselhos. Ao mesmo tempo em que garantem o diploma e o exercício de seus membros, os conselhos têm papel fiscalizador na medida em que protegem a sociedade, tanto dos não profissionais quanto daqueles que incorrem em erros e/ou não seguem as regras (DUBAR, 2005).

Atrelada aos conceitos de trabalho e profissão, temos a carreira como tema importante que acompanha as mudanças da sociedade.

De origem latina, *via carreria* (estrada para carros), o termo "carreira" passou a ser utilizado no século XIX como trajetória de vida, mas, somente a partir das décadas de 1970/1980 o interesse e os estudos pelo tema se iniciam (PINTO; OLIVEIRA, 2008; DUTRA, 2010).

Nas definições adotadas, podemos identificar conotações distintas no uso do termo "carreira":

- Como avanço, em uma mobilidade vertical e em uma hierarquia organizacional.

- Como profissão, sendo consideradas as ocupações submetidas a movimentos progressivos de *status*.

- Numa concepção de carreira objetiva — como sequência de trabalhos durante a vida, visto que todos que têm histórico de trabalho apresentam uma carreira.
- Numa concepção subjetiva, como sequência de experiências e como o indivíduo vivencia as atividades e ocupações que constituem sua história de trabalho.

Considerando complementares as concepções objetiva e subjetiva, carreira pode ser definida como a sequência de atitudes e comportamentos, associada com as experiências de trabalho, ao longo da vida da pessoa.

Quando associamos indivíduos e organizações, a carreira pode ser compreendida como uma séria de transições, de etapas, que irão variar em função das demandas, do próprio indivíduo e do ambiente de trabalho no qual está inserido (DUTRA, 2007).

No contexto contemporâneo, no qual presenciamos o dinamismo e a mudança em um ritmo mais acelerado, a imprevisibilidade se transpõe na carreira. Atualmente, a ênfase está sobre o individuo como elemento fundamental na condução de sua trajetória de experiências relacionadas ao trabalho, alinhando fatores internos que demandam autoconhecimento e externos, relacionados aos diferentes grupos sociais e à própria cultura (DUTRA, 2010) — Figura 2.5.

Figura 2.5: O sujeito é responsável por sua carreira.

Acompanhando as mudanças de cenário, tanto individual quanto organizacional, os conceitos de carreira respondem a essas demandas e, assim, identificamos os conceitos de **carreira proteana, carreira sem fronteiras** e **carreiras inteligentes**.

A **carreira proteana** surge em função das mudanças nas relações de contrato de trabalho e tem por características mudanças frequentes, autonomia, autoinvenção, autodireção e habilidade para aprender, para redirecionar a carreira e para construir relações. As necessidades pessoais e o critério de sucesso como aspecto interno (psicológico) são a base desse tipo de carreira (DUTRA, 2010).

O termo **"sem fronteiras"** diz respeito à mobilidade e flexibilidade, sendo o próprio indivíduo responsável por sua carreira, buscando satisfazer suas necessidades, tanto objetivas quanto subjetivas. Para tanto, valoriza-se a rede de relacionamentos e o investimento sistemático de conhecimentos variados (VELOSO, DUTRA E NAKATA, 2016).

Assim, sendo o indivíduo responsável por sua trajetória, a preocupação é em como se manter no mundo do trabalho, mesmo diante das mudanças, cada vez maiores e mais rápidas — ou seja, como manter seu nível de **empregabilidade** positivo?

Como um dos pilares da empregabilidade, temos as competências: **técnicas** e de ordem comportamental (MINARELLI, 2010). Dessa forma, o profissional reconhecido como adequado para esse novo contexto é o que se compromete objetiva (técnica) e subjetivamente (comportamental). Mas como nos comprometemos com o trabalho, com nossa profissão e com nossa carreira? Como essa relação é compreendida e desenvolvida pelas diferentes gerações? É sobre isso que discutiremos no próximo tópico.

Figura 2.6: Conceitos de carreira.

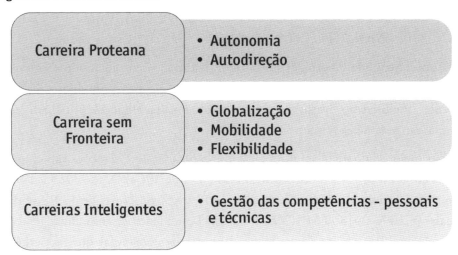

3. Teorias geracionais

As teorias geracionais têm interesse em compreender as características dos sujeitos de diferentes idades e as relações que estabelecem em diferentes aspectos da vida: trabalho, aprendizagem, consumo, entre outros. No ambiente de trabalho, há interesse em verificar as diferenças entre gerações em termos de seus valores laborais motivadores, preferências, crenças, considerando também sua personalidade.

Sabendo que a qualificação é um dos aspectos importantes da empregabilidade, o interesse volta-se também para entender a Educação no cenário da Sociedade 4.0 — compreender a relação das diferentes gerações, principalmente as mais novas, com a aprendizagem e os ambientes educacionais.

O estudo sobre gerações teve início com o sociólogo Karl Mannheim, na publicação do artigo *The problem of generations*, em 1952. Para o autor, uma geração pode ser definida quando os indivíduos apresentam semelhança cultural, a partir de suas vivências em determinado período do processo histórico nos anos de sua formação, mesmo sem proximidade física, intelectual ou qualquer conhecimento do outro (WELLER, 2010).

Assim, o termo geração pode ser compreendido como a caracterização de determinada população que compartilha os contextos históricos, influenciando comportamentos e desenvolvimento, o posicionamento diante de aspectos de vida, dentre eles o sentido do trabalho (SILVA, DUTRA, VELOSO, TREVISAN, 2014; SMOLA, SUTTON, 2002).

Após a Segunda Guerra, estudos foram realizados, considerando o contexto norte-americano. Entretanto, pesquisas realizadas em países de diferentes continentes, inclusive no Brasil, mostraram resultados semelhantes, principalmente no que tange à relação frente ao trabalho.

No meio acadêmico, na mídia e em organizações, as gerações são classificadas como: Baby Boomer (nascidos entre 1946 e 1964); X (de 1965 a 1979); Y ou Millennials (de 1980 até meados de 1991); Z ou Next (de 1991 até dias atuais) (SILVA, 2013; TAPSCOTT, 2010). Já se identifica uma nova geração, a partir de 2010, chamada de Alpha. Importante considerar que os períodos de cada geração podem ter pequena variação entre diferentes autores, mas não se diferenciam significativamente.

Você pode se perguntar: qual a relevância em compreender as características de cada geração? Em diferentes ambientes sociais, de trabalho, lazer e educacionais vivenciamos, cada vez mais, a interação de pessoas de diferentes idades/gerações. Com atenção especial aos ambientes de trabalho e educacional, o desafio é articular de forma produtiva e harmoniosa essas diferentes gerações, além do interesse na caraterização de consumidores em potencial.

No ambiente educacional, outro grande desafio, apontado por Bauman (2009), é a necessidade de tornar o conhecimento atraente aos jovens, em um contexto contemporâneo marcado pela fluidez das relações e pela velocidade das mudanças.

Agora que já definimos "geração" e a necessidade de compreender esse conceito, vamos descrever cada uma delas.

3.1. Geração Baby Boomer — 1946–1964

O termo Baby Boomer — explosão de bebês — refere-se aos nascidos pós-Segunda Guerra Mundial. Essa geração cresceu em meio aos conflitos e acontecimentos marcantes como o *rock and roll*, o movimento pelos direitos civis, o ativismo estudantil, a corrida espacial, a independência das mulheres no mercado de trabalho e a ditadura militar no Brasil. O impacto desses eventos fez com que se caracterizem com traços de otimismo e sejam idealistas, ao mesmo tempo buscando segurança e estabilidade.

Nasceram ainda na 2ª Revolução Industrial (final do século XIX até meados de 1960) e entraram no mundo do trabalho já na 3ª Revolução Industrial — revolução digital.

É uma geração que valoriza o *status* e a ascensão profissional, sendo leal a uma organização por uma vida toda. Por desenvolverem suas carreiras por muito tempo em uma única empresa, são pessoas que tendem a definir a si mesmos por meio de seus trabalhos. Por acreditarem que o sucesso na vida depende do sucesso profissional, trabalham arduamente, tornando-se *workaholics* e podendo causar desequilíbrio entre a vida pessoal e profissional.

Seguem valores tradicionais relacionados às obrigações em relação a carreira, casamento e criação dos filhos e tendem a ser mais cooperativos e participativos no trabalho (VELOSO, SILVA, DUTRA, 2012).

Com maior dificuldade em aceitar mudanças, podem tem maior dificuldade na relação com a tecnologia. Comparando um ambiente de trabalho dos anos de 1970 com o de hoje, as mudanças tecnológicas pelas quais os Baby Boomers passaram no decorrer de suas carreiras são significativas.

Apesar de apresentar maior dificuldade em aceitar essas mudanças, essa geração sabe que a tecnologia e seu aprendizado é algo completamente necessário para o progresso profissional e, nesse aspecto, podem apresentar algumas atitudes distintas: os que estão em cargo de gestão utilizam seus subordinados (mais jovens) como intermediários entre eles e a tecnologia; os que não estão no comando e se sentem ameaçados pelos jovens mantêm-se resistentes à mudança; e os que encaram a tecnologia como uma oportunidade de aprendizagem e de realizarem as tarefas de forma mais simples, rápida e eficiente.

Figura 2.7: Relação com gerações mais novas.

No Brasil, correspondem a em torno de 38% da população economicamente ativa, de acordo com dados disponíveis no IBGE. Considerando que estão em idades acima de 54 anos, e devido aos avanços da medicina e conscientização sobre os cuidados com a saúde, muitos mantêm-se ativos no âmbito laboral, permitindo a interações com as gerações mais novas — podendo ser bastante produtiva, mas também gerando alguns conflitos. Conservam a expectativa de se encontrar um ambiente mais formal no trabalho, e o problema acontece quando tentam transferir para os mais jovens esse mesmo ambiente de quando começaram sua carreira.

3.2. Geração X — 1965-1979

O termo Geração X foi utilizado pela primeira vez pelo fotógrafo Robert Capa no início dos anos 1950, como título de um ensaio fotográfico com homens e mulheres que cresceram após a Segunda Guerra Mundial. O X significava um fator desconhecido — geração desconhecida. Posteriormente, o escritor canadense Douglas Coupland utilizou o termo em seu livro *Geração X — Contos*

Para Uma Cultura Acelerada, lançado em 1991, que falava sobre o estilo de vida dos jovens nascidos em meados dos anos 1970–1980.

Essa geração foi influenciada pela globalização, por pais e mães dedicados a sua carreira profissional, pelo surgimento da Aids e dos computadores e, no Brasil, pelo período do regime militar.

Considerando o ingresso no mercado de trabalho por volta dos anos 1985 a 2000, essa geração está mais interessada em ganhos de oportunidade, menos leal às organizações, mais habituada à mudança e mais inclinada a deixar uma empresa em troca de desafios e melhores recompensas, menos suscetível à autoridade formal, embora mais dependente de *feedback* e mais preocupado com seus objetivos pessoais e com o equilíbrio entre a vida pessoal e a profissional. Os indivíduos dessa geração acreditam que o dinheiro é importante e representa um indicador de sua qualidade profissional, mas estão dispostos a trocar promoções e aumentos salariais por uma vida com mais tempo para o lazer (CAVAZOTTE, LEMOS, VIANA, 2012; SILVA, 2013).

Dessa forma, podem ser caracterizados como profissionais ainda menos dispostos a se sacrificar por seus empregadores do que os Baby Boomers e têm como principais valores a obtenção de um estilo de vida equilibrado, satisfação no trabalho, importância da família e dos relacionamentos.

Figura 2.8:

A Geração X valoriza a oportunidade de aprender novas habilidades no trabalho como uma necessidade de sobrevivência — diferente da geração anterior, que tinha como necessidade a afirmação de sua identidade profissional.

As pessoas dessa geração vivenciaram os avanços tecnológicos, juntamente com acontecimentos sociais e políticos — chegada do homem à Lua (1969), queda do muro de Berlim (1989), o avanço tecnológico da 3ª Revolução Industrial — inserção do computador pessoal e da internet; crises em grandes corporações, gerando demissões. Por conta desta contextualização, não tem medo de inovar, sendo adaptáveis, resilientes e independentes.

Importante destacar que as empresas que revolucionaram a internet, como Google, Amazon e YouTube, ícones da Web 2.0, foram criadas por pessoas dessa geração.

3.3. Geração Y — 1980–1990

Pensando no grupo que já ingressa no mercado de trabalho, denominado de Geração Y ou os Millennials, tem como característica a tecnologia, a familiaridade em lidar com múltiplas informações e a amplitude de relações do ponto de vista virtual.

Mais acostumados a mudanças, buscam desafios e ambientes que lhes proporcionem flexibilidade e rapidez no processo de desenvolvimento profissional. Por apresentarem maior interesse e participação social, são atraídos por atividades profissionais que proporcionem atuação ética e responsabilidade social (CAVAZOTTE, 2012).

Apesar de apresentarem anseios semelhantes aos observados em gerações anteriores (Boomers e X), como o desejo de crescimento e desenvolvimento, mesmo que em uma mesma empresa, essa geração deseja que esse crescimento e desenvolvimento sejam uma conquista rápida.

Estudos tem identificado uma característica comum entre as diferentes gerações — desejo de segurança e estabilidade. Alguns autores questionam que a busca por estabilidade e segurança não seria atemporal, sendo anseio comum nas diferentes faixas etárias. Valorização da remuneração é outro aspecto desejado pelos jovens, entretanto precisa favorecer o equilíbrio entre vida pessoal e profissional — diferente das gerações anteriores. Outras características são a busca da satisfação pessoal (hedonismo), a flexibilidade, a valorização de um bom ambiente de trabalho que proporcione desafio e realização, a preocupação com questões sociais e ambientais, a honestidade e ética nos ambientes de trabalho (CAVAZOTTE *et al.*, 2012; SANTOS, 2011).

Os jovens do novo milênio participaram do impeachment de um presidente, cresceram em um contexto de estabilidade econômica, de globalização, de rápido desenvolvimento da tecnologia, sendo, por isso, abertos às mudanças.

Figura 2.9: Globalização.

No âmbito da comunicação, estão acostumados a formas instantâneas, conectando-se pelas diversas mídias disponíveis, estando bem à vontade diante da globalização e sempre buscando atualização das novas tecnologias.

No contexto de aprendizagem, valorizam a prática e a experiência para aprender, preferindo ambientes que proporcionem aprendizagem em grupos, de forma colaborativa.

Figura 2.10: Diversas mídias de comunicação.

3.4. Geração Z — 1991 – dias atuais

Pode ser que você já tenha lido algo como "Geração Digital" de "Geração Online", "Geração Internet", "Geração Conectada", "Geração Z" ou "Geração Pontocom". Todas essas formas referem-se às pessoas nascidas a partir do início do século XXI. Alguns autores classificam essa geração como os nascidos já ao final do século XX e meados de 1990.

Geração Z, que se refere ao comportamento de zapear e relacionado à frequente alternância entre as atividades; estar ligado e conectado a diferentes estímulos ao mesmo tempo. Nativos digitais, esses jovens "navegam" por diferentes espaços (virtuais ou reais), entretanto não se aprofundam nas informações, e essa forma de se relacionar pode ocorrer em diferentes níveis e tipos de relacionamentos e contextos (SANTOS, LUNA e BARGADI, 2014).

A abreviação do tempo na relação com as coisas deveria ter o objetivo maior de promover satisfação e felicidade, e, uma vez que não atende a esse requisito, pode (e deve) ser substituída rapidamente. Segundo Bauman (2008, p. 45), "um ambiente líquido-moderno é inóspito ao planejamento, investimento e armazenamento de longo prazo". Essa superficialidade torna-se uma das caraterísticas dessa geração e também um ponto de preocupação — como estabelecer relações menos superficiais e mais consistentes?

Figura 2.11: Geração Z.

Essa geração, apesar de estar sempre conectada e buscando conhecimento sobre as novas tecnologias, utiliza mais e lida mais tranquilamente com a comunicação entre os dispositivos tecnológicos, podendo acontecer por meio da Internet das Coisas/Internet of Things (IoT).

As principais características dessa geração são o acesso à grande variedade de opções de entretenimento e de recursos tecnológicos; às diversas fontes de informação, mas nem sempre confiáveis; e à facilidade de conexão com outras pessoas por meios virtuais. Sendo assim, o grande desafio da educação pode ser considerado o ensinar esses jovens a se apropriar dessa tecnologia a que têm acesso, de forma a contribuir para seu aprendizado, ou seja, ensinar os estudantes a selecionar adequadamente as informações de que eles precisam dentre tantas opções disponíveis e também ensinar os nossos alunos a utilizarem os recursos tecnológicos para se enriquecerem culturalmente e desenvolverem o seu potencial, competências e habilidades.

Figura 2.12: Principais características das Gerações.

Período	Baby Boomer 1946–1964	X 1965–1979	Y 1980–1990	Z 1991–2010
Características principais	Otimismo; idealismo; busca pela segurança.	Não têm medo de inovar, sendo adaptáveis, resilientes e independentes.	Familiaridade com a tecnologia, com as diferentes mídias de comunicação, com a globalização.	Nativos digitais, conectados a todo tempo, podem ter dificuldade de aprofundar as informações.
Relação com a educação	Valorizam a oportunidade de aprender novas habilidades no trabalho para afirmar sua identidade profissional.	Valorizam a oportunidade de aprender novas habilidades no trabalho como uma necessidade de sobrevivência.	Preferem ambientes de aprendizagem em grupo e de forma colaborativa.	Autonomia, buscando as informações que lhes interessam nas diferentes opções tecnológicas.
Relação com o trabalho	Motivação, otimismo e apreço pelo trabalho realizado.	Buscam independência em suas atividades e anseiam por desafios no trabalho.	Busca da flexibilidade e ambientes de trabalho éticos, honestos e com preocupação por questões sociais e ambientais.	Para os que já estão no mercado de trabalho, valorizam a flexibilidade e a possibilidade de desenvolvimento rápido.
Equilíbrio entre vida pessoal e trabalho	*Workaholics*, dedicam-se mais ao trabalho realizado nas organizações do que à sua vida pessoal.	Busca maior flexibilidade no trabalho, a fim de dispor de tempo para se dedicarem a seus objetivos pessoais.	Valorizam o equilíbrio entre vida social e profissional, sendo a primeira mais valorizada.	A valorização da vida pessoal sobrepõe a profissional.

4. Tendências

Ao percorrer a trajetória histórica das gerações, fica evidente a necessidade de alinhar as características das diferentes gerações nos diversos contextos, principalmente o educacional e o profissional.

No aspecto educacional, o desafio é utilizar metodologias que alcancem os mais jovens, despertando o interesse e motivação. Contudo essa é uma tarefa que demanda esforço por parte do professor, que assume o papel de mediador e, muitas vezes, precisa rever sua própria concepção de educador — vamos lembrar que são gerações anteriores.

Com ênfase nas Gerações Y e Z, que se mostram com maior dificuldade em se inserir em um modelo de aula tradicional, eles buscam interação, colaboração e equidade e procuram viabilidade econômica para a aprendizagem formal.

Uma tendência já em operação são os MOOCs (Massive Open Online Courses) — cursos abertos e online em massa. Com a disponibilidade de conexão em áreas abertas, via Wi-Fi, os ambientes de aprendizagem formal saíram da sala de aula e, agora, podem ocorrer em diversos ambientes (externos e internos).

Diferentemente dos cursos tradicionais, que são acompanhados por um professor ou tutor, os MOOCs podem ser acessados por milhares de pessoas. As ferramentas são projetadas de modo que o conhecimento do aluno seja testado a cada módulo aprendido, fazendo uso de questionários, *games*, avaliações colaborativas e formação de mentores de percursos entre os egressos dos cursos, entre outras estratégias.

Renomadas instituições de ensino superior disponibilizam esses tipos de cursos online abertos, muitas vezes gratuitos, nas mais diversas áreas do conhecimento. Há plataformas que concentram e oferecem acesso a MOOCs desenvolvidos em diferentes universidades. É o caso do Coursera e edX, que oferecem cursos desenvolvidos em mais de 170 universidades de todo o mundo.

No aspecto profissional, as organizações estão cada vez mais preocupadas em compreender as características das gerações mais novas, além de pensar em estratégias nas relações interpessoais entre as diferentes gerações, uma vez que, ao mais investir na gestão multigeracional, compreendem que, apesar de características distintas, essas gerações se agregam no ambiente corporativo, complementando as diferentes competências.

Recapitulando

Na Sociedade 4.0, globalizada, conectada, na qual as informações e o conhecimento são compartilhados em ritmo acelerado, torna-se fundamental articular as características das diferentes gerações e, ainda, considerá-las nos ambientes educacional e profissional.

A reflexão dessa temática faz-se necessária aos diferentes atores: professor, aluno, funcionário, empreendedor e empresário, uma vez que o impacto dessas relações são significativas nos diferentes âmbitos da vida.

Para refletir

Com base na descrição das diferentes gerações, com qual você se identifica? Será que, mesmo nascido em uma determinada geração, a necessidade de adaptação à Sociedade 4.0 nos faz incorporar características de outras gerações mais recentes?

Analisando os diferentes contextos nos quais convive — trabalho, estudo, família —, como você observa as relações entre as diferentes gerações?

Se você é professor, já precisou rever sua metodologia, a partir das demandas de seus alunos?

Referências

BAUMAN, Z. *Modernidade Líquida.* Rio de Janeiro: Jorge Zahar, 2001.

_____. *A sociedade individualizada:* vidas contadas e histórias vividas. Rio de Janeiro: Jorge Zahar, 2008.

_____. In: PORCHEDUU, A. "Zygmunt Bauman: entrevista sobre a educação. Desafios pedagógicos e modernidade líquida". *Cadernos de Pesquisa,* v. 39, n. 137, p. 661-684, maio/ago., 2009.

BORGES, L. O.; YAMAMOTO, O. H. O "Mundo do Trabalho". In: ZANELLI, J. C.; BORGES-ANDRADE, J. E.; BASTOS, A. V. B. *Psicologia, Organizações e Trabalho*. Porto Alegre: Artmed, 2004.

CAVAZOTTE, F. S. C. N., LEMOS, A. H. C., VIANA, M. D. A. "Novas gerações no mercado de trabalho: expectativas renovadas ou antigos ideais?". *Cadernos EBAPE. BR*, v. 10, n. 1, artigo 9. Rio de Janeiro, mar. 2012.

DUBAR, C. *A socialização:* construção das identidades sociais e profissionais. São Paulo: Martins Fontes, 2005.

_____. "A construção de si pela atividade de trabalho: a socialização profissional". *Cadernos de Pesquisa*, v. 42, maio/ago., 2012.

DUTRA, J. S. *Administração de carreira:* uma proposta para repensar a Gestão de Pessoas. São Paulo: Atlas, 2007.

_____. (org.). *Gestão de carreiras na empresa contemporânea*. São Paulo: Atlas, 2010.

FIGARO, Roseli. Atividade de comunicação e de trabalho. *Trab. educ. saúde*. Rio de Janeiro, v. 6, n. 1, p. 107-146, jun. 2008.

MINARELLI, J.A. *Empregabilidade: Como entrar, permanecer e progredir no mercado de trabalho*. São Paulo: Gente, 2010.

PINHO, K. M. D.; OLIVEIRA, A. L. Desenvolvimento de carreira: o papel do indivíduo e da organização. In: CHAMON, E. M. Q. O. (org.). *Gestão Integrada de Organizações*. Rio de Janeiro: Brasport, 2008.

SANTANA, L. M.; CHAMON, E. M. Q. O. C. *Representações sociais da escolha profissional do ensino médio do campo/cidade*. Dissertação de Mestrado. Taubaté, SP: UNITAU, 2017.

SANTOS, M. M. S; LUNA, I. N.; BARDAGI, M. P. O desafio da orientação profissional com adolescentes no contexto da modernidade líquida. *Revista de Ciências Humanas,* v. 48, n. 2, p. 263-281, jul./dez. 2014.

SCHWAB, K. *A Quarta Revolução Industrial*. São Paulo: Edipro, 2016.

SCHWARTZ, B. *Trabalhar para quê?* São Paulo: Alaúde Editorial, 2018.

SILVA, R. C. *A abordagem geracional como proposta à gestão de pessoas*. São Paulo, 2013. Tese de Doutorado. USP.

SILVA, R. C.; DUTRA, J. S.; VELOSO, E. F. R.; TREVISAN, L. N. As gerações em distintos contextos organizacionais. *Revista Gestão & Regionalidade.* v. 30, n. 89, maio/ago., 2014.

SMOLA, K. W.; SUTTON, C. D. Generational Differences: revisiting generational work values for the new millenium. *Journal of Organizational Behavior,* v. 23, p. 363-382, 2002.

VELOSO, E. F. R.; DUTRA, J. S.; NAKATA, L. E. Percepção sobre carreiras inteligentes: diferenças entre as gerações Y, X e Baby Boomers. *REGE: Revista de Gestão.* abr./jun. 2016, p. 88-98.

VELOSO, E. F. R.; SILVA, R. C.; DUTRA, J. S. Diferentes gerações e percepções sobre carreiras inteligentes e crescimento profissional nas organizações. *Revista Brasileira de Orientação Profissional,* São Paulo , v. 13, n. 2, p. 197-208, dez. 2012.

TAPSCOTT, D. *A hora da geração digital:* como os jovens que cresceram usando a internet estão mudando tudo, das empresas aos governos. Trad. Marcello Lino. Rio de Janeiro: Agir Negócios, 2010.

WELLER, Wivian. A atualidade do conceito de gerações de Karl Mannheim. *Soc. estado,* Brasília, v. 25, n. 2, p. 205-224, ago. 2010.

— *Mariana Aranha*

CAPÍTULO 3

CONCEITUANDO AS METODOLOGIAS ATIVAS: UMA VISÃO TEÓRICA

Introdução

Na última década, muito se tem falado de metodologias ativas de aprendizagem no ensino superior. O mesmo discurso tem acompanhado as discussões nos cursos de formação de professores para o ensino médio e, mais recentemente, para o ensino fundamental e para a educação infantil. Muitas estratégias de marketing, inclusive, têm sido feitas por colégios e universidades divulgando que nessa ou naquela escola se praticam metodologias ativas de aprendizagem. Porém você já parou para pensar no que são essas metodologias e no que isso significa em termos de organização da prática pedagógica e da gestão do ensino?

Este capítulo tem como objetivo refletir sobre as bases conceituais que orientam as discussões sobre metodologias ativas de aprendizagem, as questões que orientam a organização do trabalho pedagógico e o exercício da docência com metodologias ativas, além de apresentar e discutir algumas dessas metodologias.

1. O que são metodologias ativas de aprendizagem?

Para compreender o que são metodologias ativas de aprendizagem, é preciso, primeiramente, remeter à noção do que é método. Etimologicamente, método, do grego *meta*, significa atrás, através, e *hodós*, caminho. Método, nesse sentido, diz respeito à noção de caminho a ser seguido para se chegar a um determinado lugar. Ter clareza de onde se quer chegar e em quais condições auxilia a escolha do caminho mais apropriado.

A discussão sobre metodologias ativas de aprendizagem engloba essa compreensão de método, orientada por perguntas importantes: aonde quero chegar em termos de aprendizagem? O que compreendo por aprendizagem? O que penso sobre o ensino? O que penso sobre formação? O que penso sobre as pessoas que estão envolvidas nos processos educacionais? Quais seus papéis? Para que ensino? Para quem ensino? Os alunos aprendem? Eu aprendo?

Ou seja, são perguntas que provocam reflexões importantes que antecedem a escolha do método enquanto caminho de aprendizagem. São perguntas que orientam para os lugares a que se deseja chegar, em primeira instância, para, em seguida, provocar reflexões sobre a escolha do caminho a ser percorrido.

Ao se falar sobre metodologias ativas de aprendizagem, a lógica que as orienta está pautada na afirmação "*no more passive students*", ou seja, "não mais estudantes passivos".

Essa "não passividade" a que nos referimos é aquela alicerçada na teoria de Paulo Freire (1996), que afirmava, desde os anos 1960, que os estudantes não são "tábulas rasas", mas sujeitos repletos de conhecimentos e de experiências, as quais constituem seu repertório. Para Freire (1996), a escola e o professor precisam procurar conhecer quais são os conhecimentos e as experiências que os alunos possuem para planejar as ações educativas a partir desse ponto inicial.

Moran (2018) afirma que aprendemos desde o momento em que nascemos e isso se perpetua ao longo de toda a vida. Fazemos isso em situações concretas, impulsionados por desejos e por necessidade. Aprendemos o que nos interessa. Para Moran (2018, p. 3), "toda aprendizagem é ativa em algum grau, porque exige do aprendiz e do docente formas diferentes de movimentação interna e externa, de motivação, seleção, interpretação, comparação, avaliação, aplicação".

Nesse sentido, as metodologias ativas se constituem em estratégias educativas que colocam os estudantes na posição central dos processos de ensino e aprendizagem, seja em qualquer nível ou modalidade de ensino.

Mas o que é estar no centro do processo de ensino e aprendizagem? O que é, de fato, estar ativo (e, consequentemente, não passivo) nas aulas? Por causa disso, por que se fala tanto em metodologias ativas de aprendizagem?

Para responder essas perguntas, iremos caminhar por discussões que envolvem os seguintes princípios orientadores:

- A concepção de ser humano que orienta a escolha por metodologias ativas;
- O contexto social vivido;
- A organização curricular;
- A organização do trabalho pedagógico e o exercício da docência;
- Aprendizagem colaborativa, personalizada e por projetos.

2. Primeiro princípio: a concepção de ser humano

Antes mesmo de entrarmos na discussão das metodologias ativas, propriamente dita, é preciso compreender que concepção temos de ser humano. Se compreendemos que o aluno é um sujeito que não sabe nada, que é "sem luz", cabe ao professor prover-lhe "toda a luz" necessária, o que justificaria uma estratégia tradicional de transmissão de conhecimento. No entanto não é sob essa perspectiva que discutiremos. Adotaremos aqui uma abordagem mais integradora de ser humano, conduzida pelas pesquisas de Frankl (1989), de que o homem é um sujeito biopsicossocioespiritual. Para o autor,

- existe uma **dimensão biológica** no homem, visivelmente caracterizada por seu corpo e, consequentemente, pelas etapas de seu desenvolvimento;
- há uma **dimensão psíquica**, norteada pela mente, pelos aspectos psicológicos;
- há, sem dúvida, uma **dimensão social**, por meio da qual os homens se relacionam uns com os outros, com o meio em que vivem, que modificam e que são modificados por ele; e, por fim,

- existe uma **dimensão espiritual**, na qual habitam a liberdade, a responsabilidade e a vontade do homem de realizar sentido, seja por meio do trabalho, da fé ou de um amor.

Afirmar que o homem é um sujeito biopsicossocioespiritual, para Frankl (1989), significa considerar a coexistência dessas quatro dimensões em uma única pessoa. Para ele, "o homem é uma unidade apesar da pluralidade" (p. 42).

Um dos principais aspectos da teoria de Frankl (1989) diz respeito a compreender que todo homem procura um sentido para suas ações. Para Cortella (2003, p. 32), "não há um sentido pronto, nem um sentido único que nos tenha sido entregue de antemão. Somos, antes de mais nada, construtores de sentido, porque, fundamentalmente, somos construtores de nós mesmos, a partir de uma evolução natural".

Tomando por base essa lógica, trabalhar com metodologias ativas compreende pensar em estratégias que façam sentido, tanto para os alunos quanto para os professores.

Ao mesmo tempo, tomamos também, como referência, as afirmações de Paulo Freire (1996) de que nós, seres humanos, somos sujeitos inacabados, que estamos nos constituindo e, consequentemente, formando-nos a cada dia.

Madalena Freire (1997, p. 45), por sua vez, afirma que "todo fazer pedagógico nasce de um sonho, de uma falta que nos impulsiona na busca de um fazer". Para ela, toda ação pedagógica é impulsionada pelo desejo de encontrar sentido em sua prática docente e de fazer com que seus alunos também o encontrem. Essa "falta" é impulsionada por essa sensação de inacabamento, de que falta algo para completar, para criar, para fazer ou para experimentar.

Cada dia, somos nossa "mais nova versão", como afirma Cortella (2003), feita e refeita a partir das experiências vividas, das relações estabelecidas, das decisões tomadas, em um movimento que continua enquanto se vive.

Por isso, as práticas adotadas em sala de aula não podem ser estanques em si mesmas, nem endurecidas. Elas devem considerar a dinâmica que envolve o próprio modo de ser das pessoas, suas problemáticas, desejos e aspirações.

3. Segundo princípio: o contexto social vivido

Mitre *et al.* (2008) afirmam que as discussões sobre os processos de ensino e aprendizagem têm se tornado cada vez mais presentes nos ambientes educativos por conta do reconhecimento de que profundas modificações têm se salientado nos últimos anos a partir do tripé exposto na Figura 3.1:

Figura 3.1: O contexto social vivido.

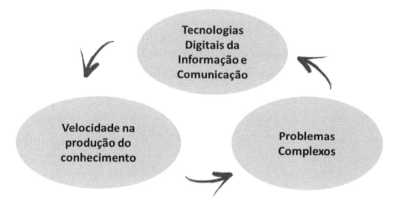

Para os autores, o contexto social vivido atualmente está marcado pela velocidade na produção do conhecimento, pelas tecnologias digitais da informação e comunicação e pela existência de problemas cada vez mais complexos:

1. A velocidade das transformações e da consequente produção do conhecimento na/da sociedade contemporânea torna as verdades cada vez mais provisórias e os valores instituídos cada vez mais questionados (MITRE et al., 2008).

2. A influência dos meios de comunicação, sobretudo os que se referem às tecnologias digitais da informação e comunicação, na construção do homem na atualidade, tem permeado a reflexão e a atuação sobre a vida, a inserção no mundo do trabalho e a prática educativa (ALMEIDA, 2018).

3. As configurações de organização de espaço e tempo social, com problemas cada vez mais complexos, exigem uma postura crítica sobre a inserção do sujeito no mundo, a partir dos paradigmas da interdisciplinaridade e da complexidade, o que, inevitavelmente inclui o trabalho (FAZENDA, 2014; MORIN, 2011).

Por conta da complexidade que envolve esse contexto, torna-se fundamental um pensamento crítico sobre a estruturação do conhecimento. Não é mais possível compreender o conhecimento a partir de uma lógica estanque e única. Há de se estar aberto para novas formas de conhecer, de analisar os problemas e os fenômenos.

Para Fazenda (2014) e Morin (2011), é urgente a efetivação de um pensamento e de uma ação interdisciplinar. A interdisciplinaridade abrange associação, contribuição, cooperação, complementação e integração entre os saberes, e os docentes precisam socializar seus conhecimentos, assim como suas experiências e visões do mundo (JOSÉ, 2011).

Trata-se de um movimento para além da integração entre disciplinas, mas de "ousadia diante da questão do conhecimento", como apontado por Fazenda (2008, p. 13). A interdisciplinaridade requer compreender a totalidade e a unicidade do conhecimento, presente, também, em cada uma de suas partes, em um movimento crescente e em espiral que caminha, ora do todo para as partes, ora das partes para o todo.

4. Terceiro princípio: a organização curricular

Quando se fala em metodologias ativas, é importante compreender que elas não estão isoladas, apenas dentro do contexto da sala de aula, mas fazem parte do contexto da instituição de ensino, seja ela de educação básica ou do ensino superior.

Se a instituição de ensino tem uma gestão "engessada", dura, que organiza seu currículo baseado na lógica da pura transmissão de conhecimentos, possivelmente o trabalho do professor em sala de aula ficará dificultado por essa lógica e pelas dificuldades que ela lhe proporcionará.

Para Sacristán (2000), a escola é constituída por um projeto educativo complexo que reflete a função socializadora da educação, que está muito além do que costuma se pensar sobre currículo, como sendo apenas o conjunto de disciplinas pré-definidas que compõem um plano de ensino.

Picollo (2005, p. 12) afirma que o currículo "deveria incorporar o livre trânsito entre campos de saberes: um terreno eminentemente interdisciplinar, que exige mudanças radicais de pensamento e percepção".

Fullan e Hargreaves (2000) acreditam que é preciso devolver o currículo às escolas de forma consciente e crítica, permitindo que diretores e professores tenham um pouco mais de controle sobre o ensino. Ao desenvolverem uma pesquisa no Canadá sobre a organização escolar e os modos de ensino e aprendizagem na escola, eles verificaram a presença de sinais preocupantes de desistência e descontentamento, sobretudo conforme o aluno avança no sistema. Além disso, constataram a existência de um impacto limitado quanto ao uso de estratégias isoladas de reforma, presentes em questões como pacotes curriculares e formação continuada de professores.

Torna-se importante investir em uma organização curricular que aconteça na coletividade, compartilhada por professores e gestores, e que compreenda o ensino por competências, problemas e projetos, a partir de uma perspectiva de ampliação dos cenários de atuação profissional.

4.1. Ensino por competências, problemas e projetos

Em primeiro lugar, a instituição de ensino precisa ter clareza de que sujeito deseja formar, ou seja, qual é o perfil de seu egresso. A opção por trabalhar com metodologias ativas pressupõe a escolha por uma concepção mais integradora da formação.

Para Freire (1996, p. 15), "formar é muito mais do que puramente treinar o educando no desempenho de suas destrezas", é estar atento a tudo aquilo que ele é, ou, como diria Frankl (1989), é estar atento à unicidade do homem em sua pluralidade.

Formar, aqui, não significa tentar colocar o aluno em uma fôrma bem definida, rígida e reprodutora, na qual se aprendem e se repetem técnicas, métodos, conteúdos e materiais.

Formar, aqui, é criar condições e oportunizar meios para que os sujeitos (professores e alunos) busquem "seus próprios contornos, aqueles que possibilitem sua expressão", como afirma Furlanetto (2004, p. 25).

Formar, aqui, é se aproximar da proposta de Delors (1998), que orienta as atividades educativas para um "aprender a aprender", por meio dos quatro pilares da educação para o século XXI: aprender a conhecer, aprender a fazer, aprender a viver junto e aprender a ser.

Sob essa perspectiva, em segundo lugar, é preciso que as instituições de ensino superem a orientação por conteúdos e objetivos mal definidos para uma orientação por competências, como já denunciado por Mitre *et al.* (2008) e preconizado por Perrenoud (2000).

De acordo com Perrenoud (2000), a noção de competência designa uma capacidade de mobilizar diversos recursos cognitivos para enfrentar algum tipo de situação e se configura sobre quatro aspectos importantes, a saber:

1. As competências integram e mobilizam saberes, mas não são elas os saberes (ou atitudes) em si.

2. A mobilização de saberes advindos das competências é sempre pertinente a uma situação singular, embora possa ser feita em analogia em situações semelhantes.

3. As competências exigem operações mentais e complexas, que permitem determinar e realizar uma ação.

4. As competências constroem-se durante o processo de formação.

No caso do uso de metodologias ativas, é preciso pensar nas competências necessárias ao professor e naquelas que se pretende que o aluno desenvolva ao longo de seu processo formativo.

No que diz respeito ao professor, Perrenoud (2000) apresenta dez competências de referência, que precisam ser evidenciadas para a constituição das ações educativas em sala de aula, conforme aponta o Quadro 3.1:

Quadro 3.1: Competências necessárias ao professor.

1 - Organizar e dirigir situações de aprendizagem	6 - Participar da administração da escola
2 - Administrar a progressão das aprendizagens	7 - Informar e envolver os pais
3 - Conceber e fazer evoluir os dispositivos de diferenciação	8 - Utilizar novas tecnologias
4 - Envolver os alunos em sua aprendizagem e em seu trabalho	9 - Enfrentar os deveres e os dilemas éticos da profissão
5 - Trabalhar em equipe	10 - Administrar sua própria formação contínua

Fonte: Adaptado de Perrenoud (2000, p. 20-21).

No que diz respeito aos alunos, a orientação por competências deve prever a observação de um conjunto de características que envolvam conhecimentos, habilidades e atitudes, já anunciadas por Wallon, que se interligam como expresso na Figura 3.2:

O **conhecimento** é um elemento essencial no sentido de ser produto da experiência, de aprendizagem, de busca de informações e resultado de muitos processamentos intelectuais, de associações, refinamentos e amadurecimentos mentais. Por meio dele, realiza-se, constrói-se, modificam-se coisas e situações. Está diretamente ligado ao campo epistemológico, a um **saber–saber**.

A **habilidade** se configura também como elemento essencial no desenvolvimento de competências, pois está orientada para a aplicação prática dos conhecimentos, com clareza, assertividade e adequação à situação, ao tempo e às necessidades que a ação se pressupõe a realizar. Representa o **saber–fazer**.

Figura 3.2: Conhecimento, habilidade e atitude.

Já a **atitude é** compreendida como um conjunto de valores, crenças e princípios, formados ao longo da vida e que se orientam para um querer–fazer, relacionado à dimensão de um **saber–ser**.

Sob essa perspectiva, podemos afirmar que as metodologias ativas compreendem mudança de paradigma de modelos pedagógicos: elas encontram sentido na transição de um sistema de ensino e aprendizagem baseada na ideia da transmissão de conhecimento para um sistema de ensino e aprendizagem baseado no desenvolvimento de competências.

Para Pereira, Barreto & Pazeti (2017), essa conjuntura de conhecimentos, habilidades e atitudes necessárias ao desenvolvimento dos alunos pode ser traduzida no que denominam como competências transversais, as quais podem ser expressas no Quadro 3.2:

Desenvolver competências transversais implica em:

a) Estar apto a fazer a gestão de projetos, desde seu planejamento e design, perpassando pelas etapas de execução, monitoramento e controle, até alcançar o produto final.

b) Desenvolver a maturidade necessária para compreender os processos, ritmos e necessidades da atuação profissional, com equilíbrio e assertividade.

c) Desenvolver habilidades necessárias para uma comunicação clara e assertiva, necessária à execução de um projeto ou à realização de alguma ação.

d) Capacidade de trabalhar em equipe, exercendo papéis necessários ao alcance dos objetivos traçados.

Quadro 3.2: Competências transversais necessárias ao aluno.

Essa forma de pensar a organização curricular no trabalho com metodologias ativas nos impulsiona a pensar sobre a organização do trabalho pedagógico e o exercício da docência a partir da reflexão de como o aluno aprende e não apenas de como se deveria ensinar. A pergunta central, como já apresentada no início deste capítulo, passa a ser: "qual a melhor forma de aprender aquilo que eu quero/preciso/devo ensinar?", temática que será descrita a seguir.

5. Quarto princípio: a organização do trabalho pedagógico e o exercício da docência

Masetto (2003) já afirmava que, ao analisar a tradição existente nos cursos superiores do Brasil, verificava-se a presença de professores com uma ampla formação técnica nas áreas de atuação das disciplinas curriculares, mas com uma defasagem nas questões que envolvem o ensino dessas disciplinas e na compreensão do perfil do egresso, previsto nos projetos pedagógicos dos cursos.

Esse movimento reflete o dilema histórico da docência, já denunciado por Freire (1996) em meados dos anos de 1960: a educação bancária. Ao professor sempre foi delegado o papel de detentor do saber, em um processo que dizia que o aluno, enquanto sujeito passivo, deveria receber todos os conhecimentos propiciados pelo professor. Essa relação mantinha (e mantém) os papéis de opressor e oprimido, do que tem autoridade e do que não possui.

Masetto (2003, p. 36) afirma que quando falamos em aprender e não mais em ensinar, procuramos rever a nossa prática docente e buscamos "adquirir habilidades, adaptar-se às mudanças, descobrir significado nos seres, nos fatos, nos fenômenos e nos acontecimentos, modificar atitudes e comportamentos".

Freire (1996) dizia que é preciso recriar a docência a partir de uma relação dialógica, em que o professor, consciente dos seus saberes, dos saberes do aluno, do contexto sociocultural em que vive e dos dilemas da profissão, se coloca sob a perspectiva daquele que planeja e media as situações de aprendizagem e que está disposto a continuar aprendendo.

Esse olhar para a aprendizagem compreende que o conhecimento não é algo dado, mas construído e, por isso, incorpora os estudos de Piaget sobre conflito cognitivo, de Vygotsky sobre mediação pedagógica, de Wallon sobre afetividade e de Ausubel sobre aprendizagem significativa, cuja correlação foi apontada na experiência descrita por Dos Santos *et al.* (2013).

A reflexão sobre a pergunta "qual a melhor forma de aprender aquilo que eu quero ensinar?" também passa pelos estudos de Dale (1969), descritos por Pereira, Barreto & Pazeti (2017), cuja pergunta central era: "Após duas semanas, o quanto os estudantes retêm acerca de novas aprendizagens?". Os resultados demonstraram que estratégias passivas de aprendizagem, como atividades de leitura, escrita, demonstrações e audiovisual representam cerca de 30% de fixação de aprendizagens, enquanto estratégias mais ativas, como discussões em grupo, práticas e atividades de ensino para outros alunos representam entre 50% e 90% de retenção de aprendizagens novas, como pode ser observado na Figura 3.3:

Figura 3.3: Estratégias ativas e passivas de aprendizagem.

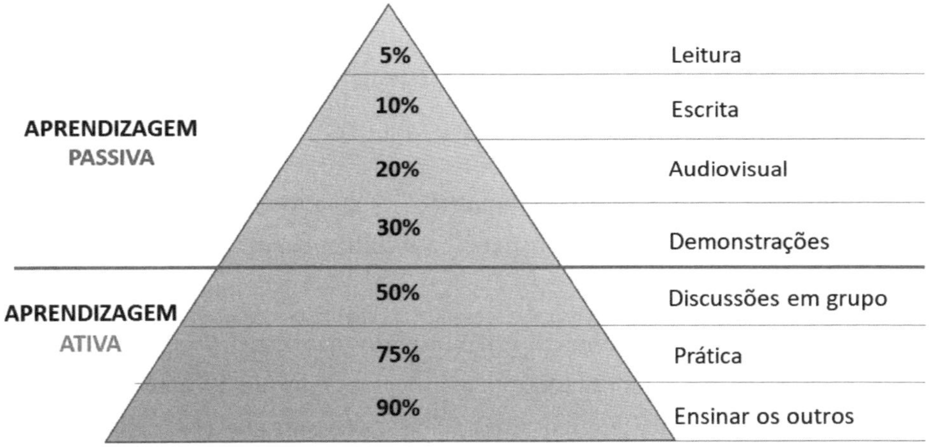

Fonte: Adaptado de Pereira, Barreto & Pazeti (2017).

Sob essa perspectiva, ao olhar sobre o trabalho pedagógico, torna-se importante considerar a superação dos seguintes elementos:

1. Da transmissão de informações pelo professor e o uso da memória pelo aluno para a construção do conhecimento de forma significativa (COLL; MARCHESI & PALACIOS, 2014).

2. De um modelo de ensino centrado no professor para um modelo centrado nos estudantes, considerando seus estilos de aprendizagem, estimulados a se corresponsabilizar pela própria aprendizagem, individual, autônoma e coletivamente.

3. De modelos metodológicos transmissivos para a escolha de estratégias metodológicas que considerem a aprendizagem ativa, a problematização,

o uso de tecnologias digitais e de oportunidades de inovação (LIMA & DOS SANTOS, 2016).

4. De leitura de experiências realizadas para vivências intersetoriais e interprofissionais (BATISTA & BATISTA, 2004).

5. De uma avaliação somativa para uma avaliação processual que considere o feedback, os registros e a autoavaliação como etapas fundamentais nos processos de avaliação da aprendizagem.

6. Quinto princípio: a aprendizagem colaborativa, personalizada e por projetos

Já vimos que, quando se parte da questão "Qual a melhor forma de aprender aquilo que eu quero (ou preciso) ensinar?", a escolha pelo caminho metodológico fica mais evidente e clara.

Obviamente que, nesse contexto, estão inseridos não somente aspectos de natureza conceitual do conteúdo, mas também aspectos de formação mais abrangente, como os conteúdos procedimentais e atitudinais, preconizados por Zabala (1999).

Sob essa perspectiva, apresentamos alguns exemplos de metodologias ativas importantes para discussão:

- *Problem based learning* e *project based learning* (aprendizagem baseada em problemas e aprendizagem baseada em projetos), destacadas por Mitre *et al.* (2008), Simon *et al.* (2014) e Munhoz (2015).

- *Peer instruction* nas atividades em aula e na avaliação dos estudantes (LIMA & DOS SANTOS, 2016).

- Metodologia CEMTRAL, reportada por Dos Santos *et al.* (2018) e Souza, Bussolotti e Cunha (2018).

É importante mencionar que outras metodologias ativas, como o *design thinking,* o STEAM (Science, Technology, Engineering, Arts and Mathematics), a gamificação e o uso de mapas conceituais são exemplos que serão abordados neste livro em outros capítulos, quando poderão ser aprofundados.

6.1. Problem based learning e project based learning

Problem based learning (aprendizagem baseada em problemas) e *project based learning* (aprendizagem baseada em projetos) são metodologias bastante utilizadas nos últimos anos em disciplinas dos núcleos profissionais de cursos de ensino superior, como reportam Munhoz (2015), Pereira, Barreto & Pazeti (2017). Ambas utilizam a sigla PBL, o que costuma causar confusão quanto as especificidades de cada uma das metodologias. Neste trabalho, manteremos a mesma sigla para ambas, como ocorre na literatura internacional, e, quando precisarmos especificar, escreveremos por extenso.

De acordo com Munhoz (2015), as duas são metodologias distintas que apresentam semelhanças e, por isso, muitas vezes causam certa confusão: há quem esteja falando sobre *project based learning*, quando, na verdade, a atividade descrita se refere ao *problem based learning*, e vice-versa.

Por isso, o primeiro objetivo é ajudar a esclarecer o que são cada uma dessas metodologias, evidenciando suas características particulares, dando exemplos e, em seguida, apresentando uma breve comparação entre elas, a partir de seus pontos convergentes e divergentes.

6.1.1. *Problem based learning*

De acordo com os estudos de Simon *et al.* (2014), o PBL (*Problem Based Learning*) foi criado na Universidade de McMaster, no Canadá, no fim dos anos 1960, com o objetivo de promover uma aprendizagem significativa, a partir do conhecimento prévio dos estudantes e de sua realidade, instigando a curiosidade e criatividade.

Essa lógica também já era observada nas reflexões de Freire (1996), também em meados nos anos 1960, quando afirmava que o trabalho do professor deveria ser contextualizado, amparado na realidade dos alunos, em seus conhecimentos e necessidades para que, a partir disso, o professor pudesse avançar:

O elemento central do *problem based learning* (como o próprio nome diz) é trabalhar com problemas. Esses problemas devem ser contextualizados, ter estrutura prévia e objetivos de aprendizagem que facilitem a integração dos diferentes conteúdos curriculares.

O desafio para o professor, no PBL, é estruturar problemas com complexidade necessária, com base em experiências reais deles próprios e de seus alunos, fugindo daqueles problemas artificiais, que se distanciam da realidade. O segredo está em proporcionar problemas que exijam dos alunos uma resposta criativa e inovadora, capaz de articular saberes de diferentes naturezas e não somente aqueles conceituais.

Ao escolher trabalhar com o *problem based learning*, o professor deve ter clareza de que os problemas propostos geralmente são de baixa complexidade, com um tempo curto para resolver, o que pode ser feito individualmente ou em grupo.

São exemplos os estudos de caso, alguns exercícios tematizados em sala de aula, dinâmicas e jogos que envolvam uma situação-problema em que o aluno (ou grupos de alunos) precise resolver utilizando conteúdos conceituais, procedimentais e atitudinais.

De acordo com Pereira, Barreto & Pazeti (2017), o *problem based learning*, trabalhado sob a perspectiva do estudo de caso, deve compreender 10 elementos importantes, como demonstra o Quadro 3.3.

Quadro 3.3: Elementos constitutivos do *problem based learning*.

	Elementos do PBL	Implicações práticas
1	Apresentar um dilema a ser resolvido.	A criação de um dilema é o elemento-chave do PBL. Ele precisa ser envolvente e motivar o aluno a resolvê-lo.
2	Colocar o aluno no papel do protagonista.	É o aluno a pessoa que tem um problema nas mãos que precisa ser resolvido.
3	Existir sempre um conflito a ser solucionado.	O problema, a que se refere o PBL, tem sempre um conflito entremeado.
4	Exigir o foco em uma decisão.	O problema apresentado precisa ser solucionado e, para isso, o aluno precisa tomar decisões.

Elementos do PBL	Implicações práticas
5 Requerer estar fundamentado na teoria.	Todo o desenrolar da resolução do problema precisa estar bem fundamentado teoricamente, a fim de que não se repitam os mesmos erros do passado e seja possível construir um conhecimento novo.
6 Contar uma história interessante e real, que tenha começo, meio e fim.	A elaboração do problema requer do professor uma elaboração sofisticada do problema que será resolvido, com um enredo interessante, envolvente e coerente.
7 Ser preciso e objetivo e conter histórias de situações e de tomadas de decisão.	O enredo do problema apresentado deve conter elementos objetivos que exijam do aluno tomadas de decisões.
8 Conter as informações mais importantes para prender a atenção do aluno e permitir que ele organize seu pensamento.	A objetividade da apresentação do problema deve permitir que o aluno organize seu pensamento de maneira lógica e sequencial, para que consiga elaborar resoluções criativas.
9 Não ter juízo de valor e mostrar a situação objetivamente.	É importante que a apresentação do problema não expresse juízo de valor, para proporcionar que o foco da atividade esteja na ação do aluno.
10 Conter informações suficientes para a tomada de decisão.	O aluno precisa ter em mãos todas as informações necessárias para uma tomada de decisão precisa e refletida.

Fonte: Adaptado de Pereira, Barreto & Pazeti (2017).

Ao analisar os elementos do PBL e suas implicações práticas, torna-se fundamental considerar um último aspecto (mas não menos importante) apontado por Borochovicius e Tortella (2014): as situações-problema devem ser trabalhadas de modo interdisciplinar.

Isso significa que uma única disciplina não dará conta de resolver o problema apresentado de forma criativa, inovadora e com a aproximação da realidade necessária para a sua aplicação. É necessária a integração de diferentes saberes (advindos do campo dos conceitos, dos procedimentos e das atitudes) que permitam uma análise mais abrangente do problema, do contexto, das necessidades e das possibilidades que ele exige. Somente assim, ele poderá receber proposições de resolução mais arrojadas e com diferencial qualitativo.

6.1.2 *Project based learning*

O *Project Based Learning* (PBL) tem como destaque o trabalho em equipe, a resolução de problemas e a articulação entre teoria e prática. O projeto é uma iniciativa realizada **uma única vez**, em um **tempo limitado**, para entregar um determinado **resultado**, produto ou serviço.

Os principais elementos constituintes do *project based learning* podem ser observados na Figura 3.4.

O produto final (ou resultado) de um *project based learning* é sempre algo concreto e, por isso, sua duração é sempre mais extensa, pois requer etapas realizadas em equipe para analisar o problema proposto, sob uma perspectiva interdisciplinar, definir as ações, executá-las, avaliá-las, monitorá-las e entregar o produto.

Figura 3.4: Características do *project based learning*.

Fonte: Adaptado de Pereira, Barreto & Pazeti (2017).

Por isso, considera-se que o projeto é **aberto**, pois se trabalha com o contexto real, e **interdisciplinar**, já que uma única área de conhecimento não consegue suprir todas as necessidades de análise, planejamento, execução e finalização do projeto.

No *project based learning* os objetivos estão claros quanto a:

- Promover a aprendizagem centrada no aluno;
- Fomentar o trabalho em equipe;
- Desenvolver o espírito de iniciativa e criatividade;
- Desenvolver capacidades de comunicação;
- Desenvolver o pensamento crítico;
- Relacionar conteúdos de forma interdisciplinar.

Sob essa perspectiva, no PBL, parte-se do pressuposto de que o aluno é o principal responsável por sua aprendizagem e, por isso, a avaliação é realizada considerando todos os aspectos abordados durante o processo de aprendizagem, como sugerido no Quadro 3.4:

Quadro 3.4: Proposta para a avaliação em *project based learning*.

	O que avaliar	Como avaliar
Projeto	Projeto de pesquisa	Texto escrito Apresentação oral
Pré-produto	Relatório preliminar	Texto escrito Apresentação oral
Processo	Desenvolvimento do projeto	Reuniões com tutores
Produto	Relatório final Protótipo	Texto escrito Apresentação oral Protótipo em operação

Fonte: Adaptado de Pereira, Barreto, Pazeti (2017).

6.1.3. Problem ou project based learning?

Tanto o *problem* quanto o *project based learning* possuem em comum as seguintes características:

- envolvem os alunos em atividades próximas à realidade;
- possibilitam a aprendizagem significativa;
- o processo de ensino e aprendizagem está centrado nos alunos;

- partem de um problema que precisa ser solucionado;
- o professor atua como mediador;
- a aprendizagem ocorre por meio da pesquisa.

Contrapondo as semelhanças, Munhoz (2015) afirma que as diferenças dessas metodologias podem ser identificadas no exposto no Quadro 3.5:

Quadro 3.5: *Problem ou project based learning?*

	Project	Problem
Características	Complexo, dinâmico, leva um tempo para ser realizado, normalmente exige equipe. Requer um produto.	Baixa complexidade, tempo curto para resolver e pode ser resolvido individualmente.
Exemplos	Uma casa Um livro Uma monografia Uma festa de casamento Troca de um equipamento Instalação de uma nova fábrica	Estudos de casos Exercícios em sala de aula Dinâmicas Jogos

Fonte: Adaptado de Pereira, Barreto & Pazeti (2017).

6.2. Peer instruction

Para Lima & Dos Santos (2016, p. 83), existe consenso na literatura de que o *peer instruction* (instrução por pares) é uma metodologia importante "para estimular estudantes e obter *feedback* em tempo real com grande precisão acerca do aprendizado sobre um determinado tópico exposto durante uma aula".

Mazur (2015) afirma que no *peer instruction* é importante que os alunos se preparem antes da aula, estudando o tema que será abordado. No dia da aula, o professor ministra uma aula expositiva sobre um tema lido de cada vez, abordando áreas com dificuldades potenciais, de forma a aprofundar a compreensão dos conceitos e a possibilitar uma confiança maior nos alunos, sobretudo com a inclusão de exemplos adicionais.

No *peer instruction,* após a exposição do tema pelo professor, ele lança uma questão e os estudantes devem respondê-la de forma individual. Na sequência, dependendo da ferramenta utilizada, que pode ser tradicional, como um cartão contendo letras alternativas (os *flash cards*), ou dispositivos eletrônicos (como *clickers* e celulares), os alunos enviam suas respostas para o professor.

No *peer instruction,* o professor avalia rapidamente as respostas e, em função delas, opta por:

a) Rediscutir o conteúdo da questão com toda a classe e refazer a pergunta, caso apenas 25% dos estudantes a tenha acertado.

b) Promover uma discussão entre pares de alunos e refazer a pergunta, caso entre 25% e 75% dos estudantes tenham acertado a questão.

c) Dar continuidade ao conteúdo da aula, caso a grande maioria dos estudantes a tenha acertado.

Essas etapas, características do *peer instruction*, podem ser observadas na Figura 3.5.

Esse processo pode ser repetido em função dos objetivos do docente. Esta metodologia permite uma avaliação imediata do aprendizado de cada aluno acerca de um determinado conteúdo ou temática, e possibilita que o professor tome decisões quanto ao agrupamento dos alunos em função de seu desempenho para cada um dos conteúdos trabalhados.

Lima & Dos Santos (2016) utilizaram a ferramenta "Formulários" do Google para criar as questões que seriam disponibilizadas para os alunos (cujo aprofundamento será reportado no Capítulo 7). Cada questão gerava um link de acesso que foi enviado para os alunos, questão por questão, durante a aula, por meio do grupo de estudos da rede social Facebook.

Os alunos realizavam o exercício (no caso dessa experiência, referente à disciplina de Física), registravam a resposta e enviavam o formulário preenchido. Instantaneamente o professor recebia a resposta do aluno em seu computador, obtendo um panorama acerca do percentual de respostas certas e/ou erradas. Com esses dados e fundamentado nas etapas propostas pela metodologia, tomava a decisão de aprofundar nas explicações ou passar para o próximo tópico da aula.

Figura 3.5: Etapas do *peer instruction*.

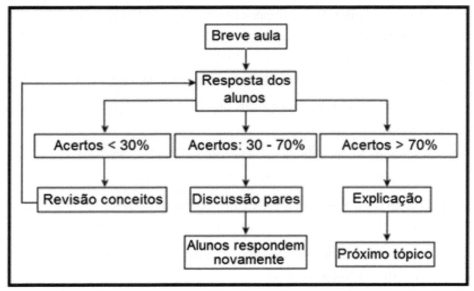

Fonte: Adaptado de Lima & dos Santos (2015).

6.3. Metodologia CEMTRAL

A metodologia CEMTRAL, reportada por Dos Santos *et al.* (2018), articula um conjunto de metodologias, a saber: a aprendizagem colaborativa, eletrônica, multi e interdisciplinar, tradicional e ativa. Representa o acrônimo em inglês das palavras Collaborative, Electronic, Multi and Interdisciplinar, Traditional and Active Learning.

Os autores identificaram que o momento da aula é caracterizado por situações complexas, que carecem não somente de uma única metodologia, mas de um conjunto delas, que poderiam ser utilizadas de forma interdisciplinar para favorecer a aprendizagem do aluno de forma ativa, articulada com o contexto social vivido, com as necessidades formativas dos alunos, a realidade da Instituição de Ensino e a reorganização do currículo e da docência em sala de aula.

De uma maneira geral, a metodologia CEMTRAL prevê quatro etapas, descritas na Figura 3.6:

Figura 3.6: Etapas da Metodologia CEMTRAL.

Etapa 1 — O uso da sala de aula invertida como preparação dos alunos para as aulas

Souza, Bussolotti e Cunha (2018), assim como Dos Santos *et al.* (2018) afirmam que é fundamental que o aluno se prepare para os temas que serão trabalhados na aula antes da aula acontecer.

Esse momento de preparação pode acontecer individual ou coletivamente. As duas experiências reportam a utilização de uma rede social, denominada Cuboz, como plataforma para subsidiar os momentos de sala de aula invertida, por meio da qual os textos eram disponibilizados para os alunos, juntamente com as orientações para a realização das atividades que deveriam ser realizadas.

Souza, Bussolotti e Cunha (2018) utilizaram como estratégia o envio de formulários online, por meio do recurso do Google, para os alunos com uma semana de antecedência. Os alunos deveriam ler os textos da semana em casa, preencher o formulário, que constava de questões que exigiam uma interpretação do texto lido, ora com questões dissertativas, ora com questões objetivas e ora com questões interpretativas e enviar para as professoras com dois dias de antecedência da aula.

Etapa 2 — A utilização de ferramentas e-learning para organizar os materiais de aula e a interação e compartilhamento de saberes entre os alunos

Os recursos tecnológicos se configuram como um importante aspecto na construção desta metodologia. A rede social (ou outro ambiente virtual de aprendizagem) se configura como um importante recurso para armazenar materiais, enviar e receber atividades e possibilitar a socialização e a interação dos alunos entre si e deles com o professor fora do horário tradicional de aulas.

Ambientes como a rede social Cuboz, o Moodle, os próprios grupos fechados do Facebook ou o Google Classroom são exemplos de ambientes virtuais que podem ser usados para organizar os materiais e promover a interação entre os alunos.

Etapa 3 – A adoção de estratégias diversas para as aulas presenciais, incluindo aulas expositivas

Os momentos de aula presencial, na metodologia CEMTRAL, são marcados pelo uso de diferentes estratégias de aprendizagem, mediadas pela pergunta central feita pelo professor "Qual a melhor forma de aprender aquilo que eu preciso ensinar?".

A partir dessa pergunta inicial, as atividades realizadas por Dos Santos *et al.* (2018) incluíram aulas expositivas de temas pontuais, palestras de aprofundamento e momentos de discussão por pares. Já as atividades realizadas por Souza, Bussolotti e Cunha (2018) envolveram metodologias participativas, por meio das quais os alunos precisaram trabalhar em pequenos grupos, organizados ora em duplas, trios e quartetos, ora em grupos grandes e ora individualmente. Os alunos faziam registros individuais e coletivos e socializavam suas aprendizagens, de forma a sistematizar o conhecimento advindo dos estudos e das discussões problematizadas.

Metodologias como o World Café, dinâmicas de mercado, estudos de caso, seminários, *design thinking* e atividades em grupo são recomendações importantes para esta etapa da metodologia.

Etapas 4 — A avaliação e a autoavaliação

A avaliação e a autoavaliação constituem-se como momentos importantes na metodologia CEMTRAL, pois permitem ao professor obter um *feedback* de suas aulas, no que tange a participação do aluno, os processos de interação, os materiais e plataformas utilizados, além, obviamente, dos conhecimentos construídos.

Recapitulando

As metodologias ativas, ao evidenciarem o aluno como elemento central dos processos de aprendizagem, proporcionam, por meio do questionamento e da experimentação, uma aprendizagem mais ampla e mais profunda.

A aprendizagem ativa permite que o conhecimento seja construído em espiral, em um movimento mais complexo de construção e conhecimento e de desenvolvimento de competências.

Para trabalhar com metodologias ativas é necessário estar atento aos princípios que envolvem: a concepção de ser humano, o contexto social, a organização curricular, a organização do trabalho pedagógico e o exercício da docência e a importância da aprendizagem personalizada, colaborativa e por projetos.

Sob essa perspectiva, o papel do professor torna-se mais amplo e mais complexo. Ele é o mediador, aquele que cria as situações de aprendizagem para que seus alunos possam construir um conhecimento mais significativo.

Para refletir

Neste capítulo, apresentamos um panorama teórico sobre as metodologias ativas de aprendizagem, a fim de ajudar na compreensão dos aspectos que fundamentam sua aplicação nas diferentes modalidades de ensino.

Quando se trabalha com metodologias ativas, estamos entendendo que estamos olhando para a formação integral do aluno, que envolve não somente os conteúdos de natureza conceitual, mas aqueles que atingem a dimensão prática e a existência.

Quando falamos em metodologias ativas, estamos falando do desenvolvimento de competências e habilidades, de criar oportunidades para que o aluno trabalhe, reflita, converse, discuta, duvide, questione e coloque em prática todos os seus saberes, ou seja, estamos falando de um processo colaborativo, em que todos aprendem: professores e alunos.

A pergunta central que precisa nos conduzir é: "Qual a melhor forma de aprender aquilo que eu desejo ensinar"?

São inúmeros os exemplos de metodologias ativas para se trabalhar em sala de aula. Neste capítulo apresentamos o PBL, o *peer instruction* e a metodologia CEMTRAL. Outros exemplos estão nos demais capítulos deste livro. Há tantos outros a serem discutidos e, sem dúvida, criados a partir de redes de discussão e colaboração.

Referências

ALMEIDA, M. E. B. Apresentação. In: BACICH, L.; MORAN, J. (org.). *Metodologias ativas para uma educação inovadora:* uma abordagem teórico-prática. Porto Alegre: Penso, 2018.

ARROYO, M. G. *Ofício de professor:* imagens e autoimagens. 7. ed. Petrópolis/RJ: Vozes, 2000.

BATISTA, N. A.; BATISTA, S. H. (orgs.). *Docência em saúde:* temas e experiências. São Paulo: Editora Senac, 2004.

BOROCHOVICIUS, E; TORTELLA; J. C. B. Aprendizagem Baseada em Problemas: um método de ensino-aprendizagem e suas práticas educativas. *Ensaio:* aval. pol. públ. Educ., Rio de Janeiro, v. 22, n. 83, p. 263-294, abr./jun. 2014.

COLL, C.; MARCHESI, A.; PALACIOS, J. (org.). *Desenvolvimento psicológico e educação.* v. 2, 2. ed. Porto Alegre: Artmed, 2004.

CORTELLA, M. S. *A escola e o conhecimento.* 7. ed. São Paulo: Cortez, 2003.

DALE, E. *Audiovisiual methods in teaching.* 3. ed. New York: Holt, Reinhart & Winston, 1969.

DE LIMA, B. S.; DOS SANTOS, C. A. M. *Peer-instruction:* Usando Ferramentas Online. *Rev. Grad. USP*, 1(1), 83-90, 2016.

DELORS, J. *Educação:* um tesouro a descobrir. Unesco, 1998.

DOS SANTOS *et al.* Socioconstrutivismo e o uso de Metodologias Ativas de Aprendizagem no Ensino de Engenharia. In: OLIVEIRA, V. et al. *Desafios da educação em engenharia:* formação em Engenharia, Capacitação Docente, Experiências Metodológicas e Proposições. ABENGE, UFRGS, 2013.

_____. *CEMTRAL:* uma nova metodologia híbrida de ensino e aprendizagem. No prelo. 2018.

FAZENDA, I. C. A. (org.). *O que é interdisciplinaridade?* São Paulo: Cortez, 2008.

_____. *Interdisciplinaridade:* Pensar, pesquisar e intervir. São Paulo: Cortez, 2014.

FRANKL, V. E. *Psicoterapia e sentido da vida:* fundamentos da logoterapia e análise existencial. 3. ed. São Paulo: Quadrante, 1989.

FREIRE, M. *Avaliação e planejamento:* a prática educativa em questão. São Paulo: Espaço Pedagógico, 1997.

FREIRE, P. *Pedagogia da autonomia:* saberes necessários à prática educativa. 7. ed. Rio de Janeiro: Paz e Terra, 1996.

FULLAN, M.; HEARGREAVES, A. *A escola como organização aprendente:* buscando uma educação de qualidade. 2. ed. Porto Alegre: Artes Médicas, 2000.

FURLANETTO, E. C. *Como nasce um professor?* São Paulo: Paulus, 2004.

JOSÉ, M. A. M. *De ator a autor do processo educativo:* uma investigação interdisciplinar. 2011. 288 f. Tese (Doutorado em Educação) Programa de Pós-Graduação em Educação: Currículo, Pontifícia Universidade Católica de São Paulo, São Paulo, 2011.

MASETTO, M. T. *Competência Pedagógica do Professor Universitário.* São Paulo: Summus, 2003.

MAZUR, E. *Peer Instruction:* a revolução da aprendizagem ativa. Porto Alegre: Penso, 2015.

MITRE, Sandra M. *et al.* Metodologias ativas de ensino-aprendizagem na formação profissional em saúde: debates atuais. *Ciência & Saúde Coletiva*, Rio de Janeiro, v. 13, supl. 2, p. 2.133-2.144, 2008.

MORAN, J. Metodologias ativas para uma aprendizagem mais profunda. In: BACICH, L.; MORAN, J. (org.). *Metodologias ativas para uma educação inovadora:* uma abordagem teórico-prática. Porto Alegre: Penso, 2018.

MORIN, E. *A cabeça bem-feita:* repensar a reforma, reformar o pensamento. 14. ed. Rio de Janeiro: Bertrand Brasil, 2011.

MUNHOZ, A. S. *ABP: Aprendizagem baseada em problemas:* ferramenta de apoio ao docente no processo de ensino e aprendizagem. São Paulo: Cencage Learning, 2015.

PEREIRA, M. A. C.; BARRETO, M. A. M.; PAZETI, M. Application of Project-Based Learning in the first year of an Industrial Engineer Program: lessons learned and challenges. *Production (ABEPRO)*, v. 27, 1-13, 2017.

PERRENOUD, P. *10 novas competências para ensinar.* Porto Alegre: Artmed, 2000.

PICOLLO, C. *A arte de ensinar como arte da descoberta:* uma investigação interdisciplinar. 2005. 226 f. Tese (Doutorado em Educação). Programa de Pós-Graduação em Educação: Currículo, Pontifícia Universidade Católica de São Paulo, São Paulo, 2005.

SACRISTÁN, J. G. *O Currículo:* uma reflexão sobre a prática. 2. ed. Porto Alegre: Artes Médicas, 2000.

SIMON, E. *et al.* Metodologias ativas de ensino-aprendizagem e educação popular: encontros e desencontros no contexto da formação dos profissionais de saúde. *Education Interface*, Botucatu, 2014.

SOUZA, M. A.; BUSSOLOTTI, J. M.; CUNHA, V. M. P. O Uso da Rede Social Cuboz no Mestrado Profissional em Educação: uma estratégia metodológica para a preparação dos alunos para as aulas. *XIX Endipe.* 2018.

ZABALA. A. *A Prática Educativa:* como ensinar. Porto Alegre: Artmed, 1998.

— *Edna Chamon*

CAPÍTULO 4

TECNOLOGIAS EDUCATIVAS ANALÓGICAS

Introdução

Este capítulo tem como objetivo discutir o que são as tecnologias educativas analógicas, indicando suas dimensões materiais e simbólicas, assim como apresentar uma visão crítica de como os métodos escolares usuais (que são tecnologias educativas de caráter simbólico) desmotivam os alunos e prejudicam a assimilação de conteúdo, e oferecer, finalmente, um conjunto de princípios e métodos efetivos de ensino-aprendizagem baseados em estudos e evidências empíricas.

1. O lugar das tecnologias analógicas

A expressão "tecnologia analógica" presente no título do texto pode provocar em alguns leitores o impulso de pular o capítulo. Afinal, "analógico" remete ao tradicional, antigo e ultrapassado, em oposição a "digital", que representa o moderno e inovador. O exemplo recente dessa situação é o desligamento do "sinal analógico" de televisão, substituído em todos os lugares pelo "sinal digital". Se isso é assim em todas as situações de vida que se pode imaginar, por que seria diferente na educação?

Embora essa oposição entre os termos analógico e digital tenha base técnica — afinal, analógico (Figura 4.1) e digital (Figura 4.2) **são** diferentes —, não significa, pelo menos na educação, o abandono de uma tecnologia em favor da outra. Ainda se usa e se vai continuar usando o analógico em educação. Para entender o porquê isso acontece, é necessário entender como a tecnologia em geral se relaciona com o campo da educação e a com organização dos conteúdos a serem trabalhados em salas de aula.

Figura 4.1: Tecnologia analógica — quadro-negro e giz.

Figura 4.2: Computador na escola.

2. Educação e tecnologia

A educação pode ser vista como a busca de uma mudança qualitativa do indivíduo, que ocorre simultaneamente em diferentes dimensões: cognitiva, social e psicológica (BIESTA, 2012, 2010).

- A qualificação do indivíduo, objetivo mais visível da educação, é sua dimensão cognitiva. Representa a aquisição dos conhecimentos e das habilidades necessários para a vida. Isso inclui não apenas os conteúdos necessários para a preparação para o mundo do trabalho, mas também para o exercício da cidadania e a inserção no mundo da cultura. Por exemplo, a qualificação pode-se traduzir em perfil. O indivíduo fez engenharia e pode exercer essa função, visto que é qualificado para o cargo.

- A socialização (vertente social da educação) relaciona-se com a transmissão de normas e valores e a inserção nos diversos grupos sociais. Isso inclui a capacidade de conviver com a diversidade e respeitá-la, além do respeito à liberdade e à pluralidade de ideias. Aqui se trata de habilidades sociais, o indivíduo pode ter a qualificação de engenheiro, mas não consegue trabalhar em equipe.

Finalmente, a dimensão psicológica pode ser entendida como a subjetivação ou a construção da identidade em seu sentido pessoal/biográfico (quem sou eu?). A par da capacidade de viver em sociedade, o indivíduo deve ser capaz de pensamento independente e crítico (saber o que quer e ser capaz de se expressar).

Além disso, a discussão sobre o que é a tecnologia é bastante antiga. Adota-se aqui a ideia clássica de Vargas (1994), de tecnologia como conjunto de atividades humanas associadas a sistemas de símbolos, instrumentos e máquinas, que visa à fabricação de produtos e serviços por meio de conhecimento sistematizado. Nesse sentido, percebe-se que a tecnologia deve ser vista como muito mais do que um instrumento (ferramentas/meios) — seja um software, uma máquina ou um quadro-negro. A tecnologia é um processo de transformação de conhecimento em produtos/serviços, sendo que esse processo é mediado por sistemas abstratos (símbolos) e materiais (instrumentos). As Figuras 4.3 e 4.4 ilustram essas ideias. Os sinais indicados na Figura 4.3 representam, isto é, tomam o lugar do objeto, da informação aos quais se quer referir. São elementos que apontam para um significado convencional (uma placa com flechas pode indicar via de mão dupla). Já a Figura 4.4 refere-se a instrumentos, isto é, objetos físicos que permitem uma interação mais ampla com o meio.

Figura 4.3: Símbolos que apontam para um significado diferente deles mesmos. Essa relação é arbitrária e convencional.

Figura 4.4: Instrumentos estendem a capacidade humana. Para cortar, um machado é mais eficiente que as mãos.

No caso das relações entre tecnologia e educação, esse processo de transformação tem seu significado ampliado: uma tecnologia educativa deve ser vista como todo facilitador da organização do sistema educacional e mediador instrumental do processo de ensino-aprendizagem. A definição é bastante ampla, mas esse é o objetivo. Entende-se aqui que as tecnologias educativas são mais do que os meios, materiais e recursos de informação e comunicação aplicados à educação — que é uma de suas definições usuais. Deve-se ver a tecnologia educativa nos computadores e na internet, assim como no texto em papel ou no *flip-chart*, mas também na gestão da sala de aula e no planejamento dos conteúdos a serem ministrados. Como indica a Association for Educational Communications and Technology (AECT), "a tecnologia educacional é o estudo e a prática ética da facilitação do aprendizado e da melhoria da performance por meio da criação, do uso e da organização de processos e recursos tecnológicos apropriados"[1] (HLYNKA; JACOBSEN, 2009, tradução nossa).

Nesse sentido, pode-se utilizar a classificação das tecnologias em três grandes grupos, proposta por Tajra (2019):

- Tecnologias físicas: são aquelas associadas aos instrumentos e materiais físicos, como uma caneta, um livro ou um computador.

- Tecnologias organizacionais: associadas à forma como os sistemas ou as relações estão organizadas. Métodos de ensino em geral (montessoriano, tradicional) estão nessa categoria.

- Tecnologias simbólicas: relacionadas às formas de comunicação, como a escrita ou a fala.

Nas seções seguintes, são apresentadas essas formas tecnológicas em uma outra classificação, agrupadas em dois grandes sistemas: o instrumental e o simbólico.

3. Aspectos gerais das tecnologias educativas analógicas

Quanto às tecnologias educativas analógicas, elas são simplesmente aquelas que não estão associadas às técnicas ou ferramentas digitais. Embora possa parecer que desapareceram e foram substituídas pelas tecnologias digitais, o analógico ainda está muito presente no cotidiano escolar. Para citar apenas o lado

---

1   "Educational technology is the study and ethical practice of facilitating learning and improving performance by creating, using, and managing appropriate technological processes and resources."

instrumental, as tecnologias analógicas sobrevivem nos materiais e nos instrumentos indicados no Quadro 4.1.

Quadro 4.1: Materiais e instrumentos educacionais com tecnologia analógica.

Quadro-negro / branco	Flip-chart
Livro	Materiais e instrumentos de laboratório
Pôster	Transparência (acetato)
Mural	Diapositivo (slides)
Mapa	Rádio e vídeo (nas versões analógicas)

O uso atual dessas tecnologias é desigual, dependendo do contexto e das condições econômicas das escolas e instituições. A transparência e o diapositivo já estão em desuso e são raros atualmente, enquanto livros e instrumentos de laboratório ainda são, e continuarão sendo, muito usados. Além disso, no início da escolarização, durante a educação infantil, o uso de materiais físicos contribui para outros objetivos educacionais, como coordenação motora e socialização e devem ser preservados para atender tais objetivos.

Uma das vantagens óbvias das tecnologias analógicas é sua difusão. Muitas escolas já estão aparelhadas com essas tecnologias (bibliotecas, laboratórios e murais) e os professores estão habituados a elas.

Por outro lado, a simples existência da ferramenta não implica seu uso e muito menos seu uso adequado. Não é só perfeitamente possível uma escola possuir uma videoteca que quase nunca é utilizada, como também (e muito comum) usar de forma inadequada os recursos existentes. Por exemplo, os alunos escolhem um livro qualquer na biblioteca e recebem como tarefa fazer a leitura e um resumo desse livro. Se não há um trabalho associado à escolha do texto, à leitura e ao resumo, a atividade perde muito de seu significado e a tecnologia acaba subutilizada. A leitura é uma atividade escolar positiva, mas envolve um investimento de tempo e energia por parte do aluno que precisa ser bem aproveitado. Caso contrário, obtém-se o efeito inverso: a tarefa é vista como obrigação sem significado e o aluno a realiza para se livrar dela.

Dessa forma, vê-se que toda ferramenta deve ter um plano de uso associado a ela e um treinamento específico para usá-la. Nesse sentido, tecnologias educativas instrumentais (e não apenas as analógicas) são um meio a serviço de um fim. Não são uma solução pronta e de aplicação automática.

Por outro lado, o instrumento associado a um plano ou método torna-se uma poderosa ferramenta de ensino a serviço do professor. Toda tecnologia educativa analógica tem essa dupla face: instrumento e método, ferramenta e processo.

3.1. Sistemas instrumentais

O Quadro 4.1 apresentou algumas formas instrumentais e materiais de tecnologias educativas analógicas. Tecnicamente, um instrumento é um elemento colocado entre o homem e sua atividade, ampliando suas potencialidades. O uso de instrumentos como formas de extensão da capacidade humana é muito antigo e, também, abrangente: o machado é um instrumento para cortar madeira muito melhor do que as mãos; uma vara aumenta o alcance do braço; um livro estende a capacidade de registro (memória), e assim por diante.

Dessa forma, tecnologias educativas, enquanto instrumentos, têm esse objetivo: estender a capacidade de ensinar e de aprender. De um modo geral, os instrumentos são suportes para a atividade de ensino-aprendizagem. Servem principalmente como forma de registro e comunicação de conteúdos (livros, mapas e vídeos), embora, em alguns casos, sirvam também como intermediários para a manipulação do meio ambiente (materiais de laboratório ou as carteiras escolares nas quais os alunos trabalham).

A adequação do instrumento a seu uso é algo comum na vida das pessoas. Uma serra não deve ser usada para cortar pão, do mesmo modo que uma faca não vai cortar uma árvore. Essa ideia muito natural de adequação é menos óbvia quando se trata de tecnologias educativas (analógicas ou digitais). Uma situação simples é o uso de projeções em sala de aula. Enquanto um texto corrido é algo natural em um livro, ele não é adequado em transparências ou em projeções multimídia (uso de PowerPoint©, por exemplo). No entanto, são muito comuns as apresentações nas quais o texto de um livro é copiado na projeção (e lido pelo professor, o que é ainda pior!).

Essa adequação não pode ser atingida de maneira isolada, isto é, a escolha do instrumento não depende apenas do que ele faz. Essa escolha está ligada de maneira mais ampla aos métodos que se vai utilizar (ver seção sobre Métodos de ensino efetivos, mais adiante), ao público ao qual a tecnologia se destina (os alunos) e à forma de mediação da aprendizagem (que é de responsabilidade do professor). O exemplo da projeção de texto é ilustrativo desse desafio.

Dessa forma, a tecnologia educativa somente se torna efetiva, atingindo seu objetivo de contribuir para o processo de ensino-aprendizagem, quando associa aos sistemas instrumentais as formas efetivas de usá-los: os sistemas simbólicos.

3.2. Sistemas simbólicos

Embora os instrumentos sejam a face mais visível das tecnologias educativas analógicas, não são a única ou a mais importante. Sendo a tecnologia um processo de transformação e sendo a educação um processo sobre indivíduos, os sistemas simbólicos que intervêm nesses processos são provavelmente os mais relevantes. Nesse sentido, a linguagem é o mais importante sistema simbólico que a humanidade desenvolveu. Em todas as suas formas — fala, escrita, desenho, imagem, gestos e música —, é a linguagem que permite a comunicação e a coexistência social. Do ponto de vista da tecnologia educativa analógica, a linguagem se materializa em muitos dos instrumentos utilizados na educação: livros, mapas, vídeos etc. Sendo assim, obviamente, ela está presente em toda forma de comunicação que ocorre em sala de aula.

Um outro sistema simbólico, também presente no processo de ensino-aprendizagem e que é colocado aqui como uma forma analógica das tecnologias educativas, são os métodos de ensino. Os métodos são formas de organização, de apresentação e de transmissão dos conteúdos e, nesse sentido, são meios para operar a transformação do indivíduo (especialmente, nesse caso, a transformação cognitiva). São as formas do ensinar e do aprender.

O professor é o mediador de todas essas formas, materiais e simbólicas, que se apresentam no ato de ensinar e aprender. É ele que planeja, organiza, comunica, avalia e realimenta esse processo. É ele que põe em ação o potencial dos instrumentos, orienta o uso e dirige a atenção. É ele também que, selecionando e aplicando o método de ensino aos conteúdos, apoia e facilita a mudança qualitativa — cognitiva, social e psicológica — que se espera do aluno — ou, ao contrário, é ele que funciona como obstáculo a tudo isso.

3.2.1. O método e o conteúdo (ou o meio e a mensagem)[2]

De um modo geral, considera-se o conteúdo como a substância, "o coração da aula". É para isso que os alunos e o professor estão lá: o professor organiza e transmite um conteúdo que os alunos devem aprender. Essa transposição pode ser melhor ou pior, dependendo da habilidade do professor, disponibilidade dos meios e aptidão dos alunos. Não importa: o conteúdo — a mensagem — é o centro das atenções. É o que conta. O professor está na escola para ensinar conteúdos e os alunos estão lá para aprendê-los.

Embora mostrada de forma um tanto simplista, essa é a ideia corrente entre pais e responsáveis, na mídia e na sociedade em geral. Como a educação é muitas vezes pensada como uma preparação para o mundo do trabalho (ela é isso também, mas não é só isso), o que importa é o aprendizado de conteúdos (conhecimentos) que permitam uma boa adaptação a esse mundo.

No entanto, ao se entrar em uma sala de aula, encontra-se uma situação bastante diferente. É claro que os professores buscam transmitir conteúdos. Existe um programa, geralmente extenso, a ser cumprido em história, geografia, matemática, ciências, artes etc. Os professores normalmente se concentram nesse conteúdo (a mensagem) e adotam métodos (meios) que pareçam adequados à transmissão desse conteúdo.

Em geral, método e conteúdo são pensados separadamente. O conteúdo é uma construção *a priori* (que muitas vezes segue determinação superior), que existe independentemente do aluno, — e, mais importante, o método é apenas o meio de transmitir o conteúdo e é, portanto, menos relevante. Uma disciplina vale por seu conteúdo e não pelo método que é usado para transmiti-lo.

---

2   Esta seção segue de perto as ideias e os argumentos de Postman e Weingartner (1971).

O que os alunos aprendem, porém, está profundamente ligado àquilo que fazem, mas o que eles **fazem** na maioria das salas de aula? Eles sentam e ouvem o professor; acreditam na autoridade daquilo que lhes é apresentado; memorizam (ou, pelo menos, tentam) o que foi dito; procuram dar (advinhar) a resposta certa, que é aquela que o professor espera ouvir.

A maior parte do tempo (e talvez todo o tempo), os alunos não fazem observações, não formulam definições próprias e não ousam nenhuma argumentação que não seja mera repetição daquilo que alguma outra pessoa apresentou como verdade. Eles não são encorajados a fazer perguntas, exceto aquelas perguntas administrativas do tipo: "quando é que o trabalho deve ser entregue?", "quantas páginas o trabalho deve ter?", "quantos pontos vale o trabalho?" e coisas assim. Não é importante ter dúvidas (é, ao contrário, prejudicial e motivo de zombaria); o importante é conhecer a resposta certa — e sempre existe uma única e determinada resposta certa para as perguntas da escola, sem incertezas e sem ambiguidades.

Isso acontece para qualquer conteúdo ou disciplina. Qualquer forma de pensamento crítico, discussões sobre o conteúdo ou sobre a razão de se estudar um determinado conteúdo são considerados como prejudiciais ao andamento da aula. Atrapalham.

Nem todos os professores são assim, nem todas as escolas são assim, nem todas as aulas são assim — é verdade. Entretanto, também, é verdade que todos os que já foram alunos um dia reconhecem imediatamente grandes porções dessa descrição. Todos os que já foram alunos viveram essas situações.

Esse método não deve ser tão ruim, já que muitos (a maioria) passaram por ele e, mesmo assim, estão no mercado de trabalho, são boas pessoas e bons cidadãos. No entanto, há aquela sensação de algo muito melhor poderia ser feito, de que a aceitação silenciosa em sala de aula prejudica a capacidade de debate e de comunicação, de que a passividade não estimula lideranças e de que a memorização de fatos desconexos muitas vezes serve apenas para "passar de ano" e "se livrar" de um conteúdo, um compromisso ou um professor do qual não se gosta. Falta significado e propósito ao conhecimento.

Os alunos esquecem muitas das coisas que "aprenderam" na escola: em matemática (como se fatora um trinômio quadrado perfeito?), em história (quem foi Tomé de Souza?), em química (qual a fórmula do benzeno?), em português (o que é um adjunto adnominal?). No entanto as atitudes inculcadas pelo método escolar permanecem e os acompanham pela vida. Esse "aprendizado" do método parecer ser mais duradouro do que o "aprendizado" do conteúdo.

4. O que fazer? O lugar das tecnologias educativas analógicas

A partir da perspectiva apresentada, refletir sobre as tecnologias educativas apenas do ponto de vista instrumental não é muito útil. É claro que é melhor uma escola com biblioteca do que uma escola sem nenhum livro. Uma escola com laboratórios do que uma escola sem eles. Salas de aula com murais, televisões e mapas do que apenas quadro-negro e giz. Contudo, os instrumentos em si não dão significação ao aprendizado. É preciso que sistemas simbólicos entrem em jogo para que o aprendizado se desenvolva completamente.

Há várias tecnologias educativas analógicas (no sentido de sistemas simbólicos) cujo impacto no aprendizado já foi estudado e para as quais existe algum grau de evidência desse impacto, isto é, são tecnologias testadas na prática e cujo efeito (positivo ou negativo, pequeno ou grande) foi comprovado por meio de experimentos e/ou observações empíricas.

> ↳ **TECNOLOGIAS EDUCATIVAS PODEM TER EFEITOS POSITIVOS OU NEGATIVOS**
>
> **Primeiro exemplo**: existe evidência razoável de que o agrupamento de estudantes em classes, segundo o rendimento acadêmico (agrupar os alunos "fortes" em uma classe e os alunos "fracos" em outra), tem efeito negativo no rendimento (SUMMA, 2016).
>
> **Segundo exemplo**: existem evidências amplas de que estratégias de compreensão de leitura têm alto impacto (com baixo custo) no desempenho escolar. Essas estratégias apoiam a compreensão do significado do que está escrito, por meio de inferência do significado a partir do contexto, resumo ou identificação de pontos-chave, uso de organizadores gráficos ou

(Continua)

(Continuação)

semânticos, estratégias de questionamento, entre outros (SUM-MA, 2016). Essas práticas educativas recebem o nome genérico de "ensino baseado em evidências" (*evidence-based teaching*), porque são resultados de estudos de campo feitos em escolas e grupos de alunos e para os quais existe alguma comprovação de eficácia. Algumas dessas práticas são analisadas a seguir.

4.1. Ensino baseado em evidências

Como já indicado, o ensino baseado em evidências corresponde ao conjunto de práticas educativas ou estratégias de intervenção (tecnologias educativas em sentido amplo) cujo impacto no aprendizado é conhecido, comprovado e mensurado por meio de estudos e pesquisas de campo. Essa comprovação da eficácia de uma dada prática ou estratégia é normalmente feita por meio de uma meta-análise dos estudos que empregaram essa prática ou estratégia.

A prática baseada em evidências é um paradigma de estudos que ganhou popularidade a partir do trabalho do pesquisador Gene Glass, em 1976, em um artigo intitulado *Primary, secondary and meta-analysis of research*. Embora tendo iniciado na área de educação, a meta-análise teve seu uso mais intenso na área médica, retornando mais recentemente (início dos anos 2000) à área de ensino, particularmente nos Estados Unidos.

A questão do ensino baseado em evidências não se resume a encontrar métodos que "funcionem" em educação. De um modo geral, dadas as características do ensino em quase todos os níveis, sua universalização recente no Brasil e as dificuldades enfrentadas para melhorar a qualidade da educação, não é muito difícil introduzir práticas que melhorem a aprendizagem. Quase qualquer intervenção ajuda (mesmo que seja apenas um pouco). O fato de o professor conversar com os alunos, explicar um novo método e tentar motivá-los para um melhor desempenho já tem algum efeito positivo. O ensino baseado em evidências é mais do que isso.

A ideia principal no ensino baseado em evidências é avaliar os diferentes métodos e indicar aqueles que tenham maior impacto, ou seja, aqueles que "funcionam" melhor. Tecnicamente, busca-se os métodos de maior "tamanho do efeito" (*effect size*), que é uma medida quantitativa da magnitude de um fenômeno.

> ↳ **EFFECT SIZE (TAMANHO DO EFEITO)**
>
> A ideia é muito parecida com aquela utilizada em testes de novos medicamentos. Divide-se os alunos em dois grupos – o grupo de controle e o grupo experimental – e aplica-se um método de ensino. A partir de um pré-teste e de um pós--teste nos dois grupos, verifica-se se houve diferença de desempenho entre eles. A Figura 4.5 resume a ideia geral.
>
> **Figura 4.5**: Experimento com grupo de controle.
>
>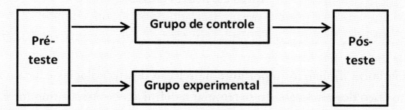
>
> O tamanho da diferença de desempenho é o chamado *effect size*. O resultado é normalizado em termos de desvio padrão dos dados obtidos para permitir comparações entre estudos. Para fins de avaliação, um tamanho de efeito de valor 1,0 representa (PETTY, 2009):
>
> - Aumentar os resultados dos alunos pelo equivalente de um ano.
> - Melhorar em 50% a taxa de aprendizado.
>
> Matematicamente, o tamanho do efeito é definido como
>
> $$Effect\ size = \frac{\text{média do grupo experimental} - \text{média do grupo controle}}{\text{desvio padrão do grupo controle}}$$

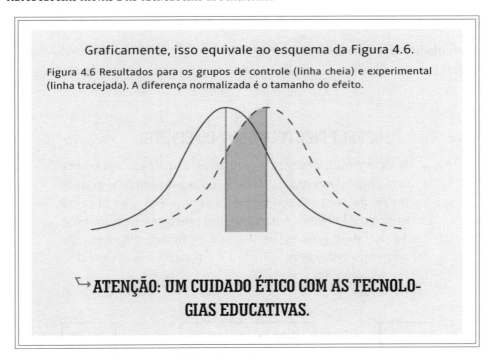

Graficamente, isso equivale ao esquema da Figura 4.6.

Figura 4.6 Resultados para os grupos de controle (linha cheia) e experimental (linha tracejada). A diferença normalizada é o tamanho do efeito.

↳ **ATENÇÃO: UM CUIDADO ÉTICO COM AS TECNOLOGIAS EDUCATIVAS.**

Uma outra dimensão importante na seleção das tecnologias educativas é o aspecto ético dessa seleção. Ao se retomar a definição da Association for Educational Communications and Technology apresentada na seção 3.2 "A tecnologia educacional é o estudo e a prática ética da facilitação [...]", percebe-se que essa dimensão já havia sido apontada, embora não se tenha, naquele momento, atendado para ela. Qual é essa dimensão ética associada às tecnologias educativas?

O principal ponto aqui diz respeito à escolha da tecnologia em função de seus resultados nos diferentes grupos de alunos. Os métodos de ensino efetivos, objeto das próximas seções, foram concebidos e verificados para melhorar (e muito) o aprendizado. No entanto, alguns desses métodos podem ser mais efetivos para alunos com maior desempenho do que para alunos com menor desempenho. Isso significa que, mesmo sendo efetivos, esses métodos aumentam a distância entre esses alunos e isso é algo que deve ser levado em consideração quando se escolhe o método a adotar. Essa é a escolha ética.

Porém, se o método é bom para todos (embora melhor para alguns do que para outros), qual é o problema? Todos ganham no final. É melhor aplicar o método do que não o aplicar. A razão desse cuidado ético é (ou deveria ser) óbvia. Imagine uma política pública que aumentasse o salário de todos os trabalhadores, contudo o aumento fosse maior para aqueles que já ganham mais. Isso aumentaria ainda mais a desigualdade. A situação com as tecnologias educativas é semelhante e não deveria surpreender ninguém. Desse modo, deve-se buscar sempre métodos para melhorar o desempenho dos alunos, e os mais efetivos possíveis; no entanto, deve-se iniciar pela implantação dos métodos que favoreçam mais os alunos com menor desempenho, reduzindo as distâncias e as desigualdades.

Com esse cuidado em mente, pode-se, então, seguir para os métodos e seus princípios propriamente ditos.

4.2. Métodos de ensino efetivos

Os métodos de ensino efetivos apresentados aqui são aqueles que obtiveram melhores tamanhos de efeito nas meta-análises apresentadas em dois grandes estudos, um realizado pelo prof. John Hattie, da Universidade de Auckland, Nova Zelândia, e outro pelo Dr. Robert Marzano, consultor e pesquisador americano (PETTY, 2009).

Hattie analisou cerca de 180 mil estudos sobre diferentes fatores que podem afetar o desempenho escolar, incluindo fatores sociais e de família. Já Marzano concentrou-se em um número bem menor (mas ainda impressionante) de estudos. Analisou 4 mil pesquisas relacionadas apenas a fatores sobre os quais professores ou alunos teriam algum controle, tipicamente as estratégias em sala de aula.

> ↪ **NOTA: ESTUDOS ANTIGOS E RECENTES**
>
> Os estudos de Hattie são de 1999 e os de Marzano são de 1998. São estudos mais antigos, porém meta-análises abrangentes são difíceis de ser feitas, tanto pela extensão quanto pela qualidade metodológica. Alguns outros estudos mais recentes, realizados pelo Departamento de Educação dos EUA, podem ser encontrados em *https://ies.ed.gov/ncee/wwc/FWW*. Os estudos da SUMMA (*https://www.summaedu.org*), que já foram mencionados, também discutem esse tipo de resultado.

Metodologicamente, o ponto-chave dessas pesquisas é uma análise estatística dos resultados obtidos em diversos estudos (a meta-análise). Esse é, também, um ponto de crítica a esses estudos e isso se dá por duas razões bem distintas:

- As meta-análises são por vezes criticadas pela ausência de uma descrição clara e completa das escolhas metodológicas feitas. Como as meta-análises são baseadas em resultados de outros estudos, não indicar como esses "outros estudos" foram selecionados impede a avaliação da qualidade da pesquisa feita. Como existem, muitas vezes, estudos que se contradizem, dizer como a base de dados foi escolhida é muito importante. Por exemplo: existem diversos estudos que analisam a estratégia de pagamento de bônus (incentivo financeiro) para professores em função do desempenho escolar dos alunos. O assunto é controverso e existem estudos que indicam que ele funciona e outros que discordam de sua eficácia. Se a seleção dos estudos não é claramente identificada na meta-análise, fica-se sem saber como a escolha foi feita e o que foi incluído ou excluído.

- Pesquisadores de linha mais qualitativa criticam a abordagem como um todo, apontando que essa segue exageradamente uma linha behaviorista. Esses pesquisadores argumentam que os estudos realizados e as meta-análises que os agrupam consideram que todos os estudantes são iguais e têm as mesmas necessidades. Além disso, acrescentam os críticos, esses estudos também consideram que o aprendizado depende fundamentalmente de fatores externos, ignorando fatores subjetivos e esquecendo que o aprendizado é um processo subjetivo.

As críticas têm seus fundamentos. No que diz respeito à questão metodológica colocada (primeira crítica), ela pode ser respondida a partir da avaliação pessoal da meta-análise feita (se houver tempo e disposição para isso), ou procurando avaliações de terceiros sobre a meta-análise feita (e, nesse caso, confiando que várias avaliações independentes devem apontar para a qualidade ou não da meta-análise). No caso dos estudos mencionados de Hattie e Marzano, eles foram bastante analisados e, em princípio, passaram no texto da solidez metodológica (PETTY, 2009). Um exemplo de uma (dura) crítica metodológica é aquela feita pelo prof. Luiz Carlos Freitas, da Universidade de Campinas, sobre um livro da área de educação baseada em evidências — a crítica está no blog Avaliação Educacional.[3]

---

3   Disponível em: <https://avaliacaoeducacional.com/2015/12/29/as-evidencias-de-joao-batista-para-

Já as questões relativas à individualidade dos alunos e à subjetividade do processo de aprendizagem (segunda crítica) são mais complexas. Elas não dizem respeito ao método usado nas análises, mas se opõem à própria ideia de *effect size*. Nesse caso, um dos argumentos a favor das meta-análises é que elas não são apenas estudos estatísticos que calculam média, desvio-padrão, correlações e outros artefatos matemáticos. Elas se preocupam também em analisar por que os métodos propostos funcionam, em termos de princípios mais gerais (psicológicos, pedagógicos organizacionais) (PETTY, 2009).

4.3. Princípios gerais de um ensino efetivo

Vários estudos (incluindo os de Hattie e de Marzano) apontam para alguns princípios gerais que devem orientar a construção de métodos de ensino efetivos. Curiosamente, esses princípios são simples e bastante óbvios, o que é quase decepcionante. Afinal, após várias centenas de anos de história da educação, grandes desenvolvimentos tecnológicos e muita pesquisa prática e teórica, os métodos educacionais já deveriam estar muito desenvolvidos e as novidades deveriam ser sofisticadas e contraintuitivas. Não são. O que funciona, pelo menos de acordo com os resultados das meta-análises, está fundamentado na relação aluno-professor e em uma atividade significativa. Aquilo que se aprende tem de fazer sentido para o aluno (apenas memorizar é inútil) e o professor precisa mediar esse processo. O que não é exatamente uma novidade.

Esses princípios gerais são inter-relacionados e se aproximam de ideias da psicologia do desenvolvimento apontadas no passado por psicólogos como Lev Vygotsky e Jean Piaget, e por ideias pedagógicas sobre as relações aluno-professor apontadas por Paulo Freire e John Dewey. Segundo Petty (2009), esses princípios são:

a) Os alunos precisam ver valor naquilo que aprendem.

Os alunos precisam ver propósito naquilo que estudam e que isso pode ter valor em alguma dimensão de suas vidas. Isso gera motivação para o trabalho. Valor não significa necessariamente que vejam utilidade imediata no aprendizado – seu uso no mercado de trabalho, por exemplo. Significa que os alunos vejam

-a-educacao/>.

conexão com algo que valorizam, como o mercado de trabalho (sem dúvida), mas também a família, a cidade onde moram, seus interesses (cinema, futebol, história, política), seu futuro.

b) Os objetivos propostos devem ser desafiadores, mas os alunos devem acreditar que podem atingi-los.

Esse é um equilíbrio difícil, porém importante, e depende fundamentalmente do julgamento do professor. Em uma classe heterogênea, os objetivos propostos devem ser desafiadores para todos os alunos, e mesmo os de menor desempenho devem sentir que podem ter sucesso.

↳ AS IDEIAS DE VYGOTSKY

Ter objetivos desafiadores tem paralelo nas ideias de Vygotsky sobre Zona de Desenvolvimento Proximal (ZDP). Vygotsky define a ZDP como a distância entre o nível de desenvolvimento real e o potencial. O nível de desenvolvimento real caracteriza a capacidade de uma criança para realizar tarefas de forma independente. O nível de desenvolvimento potencial caracteriza a capacidade de desempenhar uma tarefa com ajuda de um adulto ou de companheiros mais capazes. Transposta para o ensino, essa concepção de ZDP relaciona as ideias de desenvolvimento e aprendizado. O processo de ensino-aprendizado deve ser construído tomando o desenvolvimento real como ponto de partida e os objetivos de aprendizado como ponto de chegada. A intervenção pedagógica do professor (ou de colegas, quando em trabalhos conjuntos) é o que vai permitir esse salto. Conforme indica o próprio Vygotsky, o único bom ensino é aquele que se adianta ao desenvolvimento. O desafio, isto é, objetivos além do que o aluno já sabe fazer sozinho, é o que impulsiona o aprendizado.

---

c) Feedback e diálogo são necessários à medida que os alunos avançam em direção aos objetivos.

As atividades dos alunos geram informações — para o professor e para o próprio aluno — sobre o progresso em direção aos objetivos. Assim, o professor deve dialogar com os alunos e prover *feedback* sobre o estágio no qual se encontram em relação aos objetivos definidos. Além disso, os alunos necessitam de tarefas intermediárias para orientá-los em como avançar, e é o professor que deve provê-las.

d) Os alunos precisam de informação estruturada e do significado do que se está aprendendo.

Uma compreensão geral do todo, de aonde se quer chegar, é mais importante no início do que os detalhes. Primeiro a floresta, depois as árvores e, após, as folhas. O entendimento leva tempo para sedimentar e os detalhes atrapalham isso. Primeiramente, os pontos e os princípios-chave, o propósito do que se aprende. É usual os professores avançarem muito cedo para os detalhes, porque há um currículo a cumprir. Os detalhes são mais fáceis de ser absorvidos quando o quadro geral já está compreendido.

e) Os alunos precisam de tempo para assimilar conceitos.

Compreender não é memorizar — e leva tempo. Isso necessita de que as ideias e os conceitos sejam repetidos e apresentados sob múltiplas formas, em diferentes perspectivas e contextos, por meio de exemplos (o que é) e de contraexemplos (o que não é).

↳ NOTA: UMA HISTÓRIA COMUM

Aconteceu em uma classe de ensino médio. O professor titular teve de se ausentar por alguns dias e um substituto assumiu a sala. Para não perturbar o andamento do programa — que, de qualquer modo, o substituto desconhecia, esse decide revisar a matéria que recentemente havia sido apresentada pelo titular. Os alunos, que não tinham entendido essa matéria anteriormente, conseguem, nas poucas aulas do substituto entender os conceitos. Eles aprendem e ficam com a impressão de que o professor titular não consegue transmitir as ideias e de que o substituto é muito bom. É possível que seja assim, mas é mais provável que a insistência no tema (repetição) sob um outro enfoque (cada professor explicou de seu jeito) tenha gerado a variedade de contexto e a perspectiva que permitiu a consolidação dos conceitos.

4.4. Enfim, os métodos de ensino

Métodos de ensino efetivos, isto é, aqueles que obtiveram altos valores de *effect size*, foram identificados e categorizados em muitos trabalhos. O site de Geoff Petty é um bom repositório de informações sobre esse tema. Alguns dos métodos de maior destaque nas meta-análises de Hattie e Marzano são indicados a seguir. A descrição é sucinta, apenas apontando os caminhos. O texto de Petty (2009) é uma primeira referência para esses métodos. Os próprios trabalhos originais de Hattie e Marzano, já referenciados, também podem ser consultados.

Método 1 — Feedback

Não é muito surpreendente que *feedback* seja um dos mais efetivos métodos para melhoria do ensino. A construção de ideias e conceitos não se faz em uma primeira abordagem, o que significa que o professor precisa apontar o caminho e mostrar o progresso ao aluno. O problema com o *feedback* é que ele é normalmente mal compreendido e/ou mal utilizado.

Devolver uma prova ou um trabalho com uma nota, indicando as respostas erradas e as respostas certas não é uma forma muito positiva de *feedback*. Os alunos foram treinados ao longo da vida escolar a olhar para a nota e desconsiderar todo o resto. Se a nota é ruim, o desânimo abate o aluno (não sou capaz, não adianta nem tentar entender o que errei). Se a nota é boa, o desinteresse toma conta do aluno (já está bom, não preciso ver os pontos em que errei).

O bom *feedback* é aquele que provê uma avaliação formativa. É preciso apontar o progresso do aluno e avaliar a qualidade do trabalho feito (e não apenas indicar "bom" ou "ruim"). Quanto mais específico o *feedback*, melhor seu efeito. Um bom *feedback* não avalia apenas os conteúdos (o que foi feito), mas também os processos e as estratégias (como foi feito).

Finalmente, um bom *feedback* é um diagnóstico e uma proposta: indica em que ponto o aluno está em relação aos objetivos propostos (diagnóstico) e como avançar para cobrir o que falta (proposta).

Dois pontos importantes aqui: 1) os objetivos propostos devem ser bem definidos e as tarefas associadas a eles devem ser suficientemente complexas para permitir que os alunos trabalhem essas tarefas, isto é, escrevam, argumentem, calculem, desenhem etc.; 2) o professor deve comentar essas tarefas e dar o *feedback*, isto é, indicar o diagnóstico e a proposta. Em geral, isso dá trabalho.

Método 2 — Interação global em sala

Não se trata propriamente de um método, pelo menos não de um método único, mas de uma forma de ensinar que estimula a interação dos alunos entre si. Vários métodos exploram (com sucesso) a ideia de discussão ou trabalho em conjunto em sala de aula. Os pontos importantes aqui são aderentes aos princípios gerais já discutidos: objetivos claramente definidos; etapas de trabalho bem estruturadas; interação entre os alunos; e mediação do professor.

Esses métodos procuram equilibrar o direcionamento por parte do professor com o estímulo para que o aluno construa seu próprio entendimento de um conceito. Objetivos claros, tarefas definidas e etapas estruturadas são a parte do direcionamento do professor; discussão conjunta, trabalho em equipe, participação na construção do consenso são a parte do estímulo ao aluno.

Muitos métodos propostos hoje em dia refletem essas ideias. Por exemplo, a chamada "sala de aula invertida" (*flipped classroom*). Em aulas ditas tradicionais, o professor apresenta os conceitos durante a aula, tira dúvidas e passa tarefas (em sala e para casa). Na sala de aula invertida, as informações conceituais são previamente enviadas aos alunos, na forma de texto, vídeo ou outra, para estudo antecipado e preparação para discussão em aula. O professor tira as dúvidas, mas, ao mesmo tempo, estimula a discussão dessas. Como os alunos já tiveram contato com os conceitos, as dúvidas e os entendimentos são diversificados, o que estimula a discussão em sala. O método é "invertido", porque o centro da aula deixa de ser o professor e passa a ser os alunos. Embora a ideia seja conhecida, ganhou seu formato digital nos últimos 15 anos quando professores começaram a filmar suas aulas e disponibilizá-las na internet. Nesse formato, o material enviado previamente aos alunos adquire a forma de um vídeo curto que pode ser visto no computador.

Mesmo aulas mais tradicionais se alinham com essa ideia de interação global em sala de aula. Uma estrutura possível para esse tipo de aula inclui:

- Uso de questões desafiadoras e interessantes para a discussão. Questões rotineiras não tem complexidade suficiente para disparar o processo de discussão.
- Participação de todos. Estimule os mais tímidos ou menos participativos a responderem às questões.
- Justificação do raciocínio e não apenas a resposta à questão.
- Valorização das respostas dos alunos, mesmo as menos adequadas.
- Trabalho sobre conceitos inadequados, aproveitando respostas dos alunos.
- Criação de uma atmosfera positiva para a interação. Isso significa não julgar as respostas e não descartá-las como erradas.
- Uso moderado dessa estratégia. Não se deve usar esse tipo de recurso o tempo todo.

Método 3 — Organização gráfica

Em matemática, um gráfico normalmente tem as funções de apresentar dados, resumir informação e mostrar a relação entre variáveis, como sugerido na Figura 4.7.

Figura 4.7: Gráficos do tipo pizza (a) ou barra (b) apresentam e resumem os dados. Gráficos cartesianos ou XY (c) mostram a relação funcional entre variáveis.

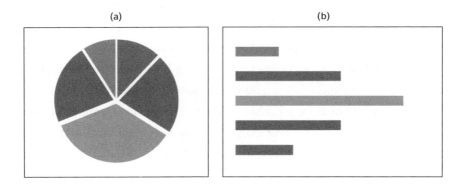

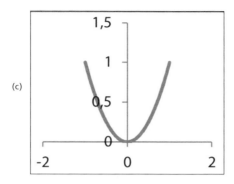

A mesma ideia pode ser estendida a qualquer área do conhecimento ou forma de informação. A linguagem visual é uma poderosa ferramenta para resumir e organizar as informações, e mostrar as relações entre elas. A variedade de meios de representação visual é muito grande e o meio mais adequado depende sempre do tipo de informação que se deseja representar, particularmente sua estrutura. Muitas vezes, a mesma informação admite várias formas de representação, sem haver propriamente uma mais adequada. Isso pode depender do tipo de uso da representação, do público ou, simplesmente, da inclinação do apresentador. Alguns exemplos são apresentados aqui. Muitos outros podem ser consultados no texto de Petty (2009) ou em sites especializados na internet (apenas procure por "visual representation" em um site de buscas).

Figura 4.8: Mapa mental sobre tecnologias educativas, ilustrando uma aplicação para este capítulo.

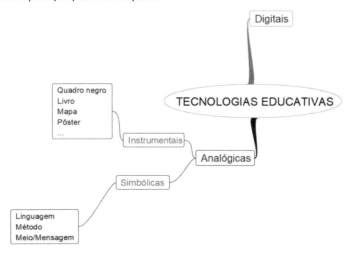

Uma forma simples de organização gráfica é o mapa mental, mapa semântico ou outros nomes similares. A ideia é organizar visualmente um conceito e seus conceitos associados, guardando tanto a ideia de relação como a de hierarquia. A Figura 4.8 é um exemplo de um mapa mental sobre "tecnologias educativas".

Os mapas mentais são muito úteis mas, em geral, é mais difícil representar neles ideias espaciais ou temporais. Um mapa é uma forma simples de esquematizar ideias espaciais, como mostrado na Figura 4.9.

Figura 4.9: Mapa com legendas e indicações geográficas e espaciais.

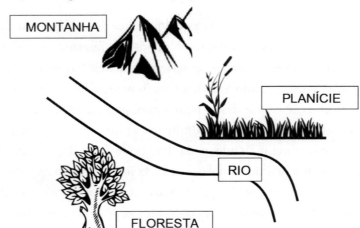

Fonte: Própria autora. Composição com imagens do site Pixabay.

A Figura 4.10 traz uma linha do tempo, apropriada para esquemas temporais. Outros formatos são possíveis. O importante é a possibilidade de sintetizar e organizar visualmente as informações.

Figura 4.10: Linha do tempo para a conquista do espaço.

As representações visuais têm diversas finalidades. Podem servir como guia de leitura ou resumo de ideias, forma de anotação, apresentação de informações, ferramenta de organização do pensamento, um plano para estruturar a escrita etc. São ainda um exercício de criatividade, quando atribuídas como tarefas aos alunos.

Recapitulando

As tecnologias educativas analógicas estão muito presentes no cotidiano escolar e devem permanecer por muito tempo. Elas devem ser entendidas como criação, uso e organização de processos e recursos tecnológicos para facilitação e melhoria do aprendizado. Nesse sentido, essas tecnologias se apresentam sob duas grandes classificações:

- Os sistemas instrumentais, que incluem todos os recursos e ferramentas materiais de apoio ao processo de ensino e aprendizado, tais como o livro, o quadro-negro, o mapa, os instrumentos de laboratório, entre outros.

- Os sistemas simbólicos, que incluem as formas de organização e planejamento dos processos de ensino, em particular os métodos de ensino. Esses métodos se apoiam (utilizam) nos sistemas instrumentais e em seu desenvolvimento.

Dentre os muitos estudos sobre métodos de ensino, foram destacados aqueles que compõem o chamado "ensino baseado em evidências". Trata-se de métodos que foram verificados de forma experimental ou observacional sobre um número muito grande de alunos e situações e que se mostraram efetivos na melhoria da aprendizagem.

Os princípios que fundamentam os métodos efetivos de ensino relacionam-se aos objetivos propostos (que devem ser desafiadores) e à forma como os alunos os percebem (eles devem valorizar esses objetivos e sentir que podem alcançá-los). *Feedback* é também fundamental para que os alunos saibam como estão avançando (diagnóstico) e se orientem na direção dos objetivos (proposta). Do ponto de vista processual, os alunos precisam de tempo para sedimentar os conceitos. Compreender não é memorizar.

Dentre os vários métodos de ensino efetivos que os estudos baseados em evidências já destacaram, este capítulo apresentou três: a) *feedback*, que propõe uma avaliação formativa, apontando o progresso do aluno e avaliando a qualidade do trabalho feito; b) interação global em sala de aula, que explora a ideia de discussão e de trabalho em conjunto em sala de aula; c) organização gráfica, que utiliza a representação visual como guia/resumo de leitura, forma de anotação e de apresentação de informações, e ferramenta de organização e planejamento do estudo.

Para refletir

Estudos mostram que a repetição do ano escolar é uma estratégia de impacto negativo no aprendizado. Que razões poderiam levar a essa conclusão? Consulte o site da SUMMA[4] e verifique as informações apresentadas sobre essa questão.

De que forma as tecnologias instrumentais digitais poderiam ser associadas aos métodos apresentados na Seção 4.4?

Referências

BIESTA, Gert. *Good Education in an Age of Measurement.* New York: Routledge, 2010.

_____. Boa educação na era da mensuração. *Cadernos de Pesquisa*, São Paulo, v. 42, n. 147, p. 808-825, dez. 2012. Disponível em: <http://www.scielo.br/pdf/cp/v42n147/09.pdf>. Acesso em: 3 jan. 2019.

GLASS, Gene V. Primary, secondary and meta-analysis of research. *Educational Researcher*, v. 5, n. 10, nov. 1976, p. 3-8.

HLYNKA, Denis; JACOBSEN; Michele. What is educational technology, anyway? A commentary on the new AECT definition of the field. *Canadian Journal of Learning and Technology*, v. 35, n. 2, spring 2009. Disponível em: <https://www.cjlt.ca/index.php/cjlt/article/view/26395/19577>. Acesso em: 3 jan. 2019.

PETTY, Geoff. *Evidence-based teaching.* A practical approach. 2. ed. United Kingdom, Cheltenham: Nelson Thornes, 2009.

POSTMAN, Neil; WEINGARTNER; Charles. *Teaching as a subversive activity.* New York: Delta Publishing, 1971.

---

4   Disponível em: <https://www.summaedu.org>.

SUMMA. Laboratorio de Investigación e Innovación en Educación para América Latina y el Caribe. *Plataforma de Prácticas Educativas Efectivas*. 2016. Disponível em: <https://www.summaedu.org/plataforma-de-practicas-educativas-efectivas>. Acesso em: 3 jan. 2019.

TAJRA, Sanmya Feitosa. *Informática na Educação*. O Uso de Tecnologias Digitais na Aplicação das Metodologias Ativas. 10. ed. São Paulo: Érica, 2019.

VARGAS, Milton. *Para uma Filosofia da Tecnologia*. São Paulo: Alfa Omega, 1994.

— Mariana Aranha
— Patrícia Monteiro
— Sanmya Tajra

CAPÍTULO 5

TECNOLOGIAS EDUCACIONAIS DIGITAIS

Introdução

Estamos vivendo em uma sociedade que tem como base as tecnologias digitais nos posicionando em um contexto com muitas transformações, seja em "relação às formas de organizar-se; produzir; relacionar-se econômica, social e politicamente; divertir-se; comunicar-se; ensinar; e aprender", conforme apontam as autoras Mizukami e Reali (2018, p. 127). Para as autoras, não estamos mais falando de modernização ou do uso de uma ou outra ferramenta tecnológica. O que elas dizem, assim como Castells (1999) já dizia, é que estamos vivendo um conjunto de revoluções que estão transformando os modos de ser e de estar na sociedade, o que implica mudanças nos nossos próprios modos de ser e de estar no mundo, conforme abordado nos Capítulos 1 e 2 desta obra.

Quando entendemos que existe uma transformação nos modos de ser e de estar na sociedade, mediada pela tecnologia, compreendemos que é realmente necessário que o professor adquira competências para exercer seu papel, criando ambientes e estratégias que tornem mais ativa a aprendizagem dos alunos, como vimos em específico no Capítulo 3.

Neste capítulo, abordaremos o uso de tecnologias educacionais digitais nos ambientes educacionais por meio do uso de softwares, sites e das redes sociais. Moran (2018, p. 3) afirma que a sala de aula pode ser sempre "um espaço privilegiado de cocriação, *maker*, busca de soluções empreendedoras", sendo que professores e alunos podem aprender a partir de situações concretas. Logo, podemos dizer que o aprendizado ocorre em qualquer lugar, seja dentro ou fora de uma sala de aula.

Como apresentado no Capítulo 3, essas situações concretas podem ser um problema observado, algo a ser construído ou realizado, desafios a serem cumpridos. Para Moran (2018), é importante estimular a criatividade por meio de jogos, projetos, vivências, com os materiais que se tem na mão, dos mais simples aos mais sofisticados, usando tecnologias básicas ou avançadas, digitais ou não, conforme já apresentado no Capítulo 4. Dessa forma, o presente capítulo constitui-se numa interface para com os demais, permeando os saberes já apresentados e tendo como ênfase as tecnologias digitais.

1. Softwares educacionais (ou não) e suas inserções na educação

Valente (1999), já no final dos anos 1990, afirmava que, com o crescente desenvolvimento das tecnologias, principalmente as digitais, a escola se veria obrigada a incorporá-las cada vez mais em seu cotidiano para que pudesse se transformar juntamente com todos os segmentos da sociedade. No âmbito educacional, em um primeiro momento, o que se viu foi um crescente aumento e procura por softwares educacionais e, ao mesmo tempo, a dúvida sobre o que seria um software educacional. Tajra (2018) sugere que existem duas formas de entendimento sobre o que são os softwares educacionais. Uma forma é quando um software foi desenvolvido especificamente para uma finalidade educacional para atender uma demanda de conteúdo, de um projeto de interesse das escolas, ou seja, foi pensado para o uso em sala de aula ou para promover uma aprendizagem específica. A outra forma é quando um software foi desenvolvido para uma finalidade específica que não foi a educacional, mas, a partir das suas funcionalidades, os atores da educação passaram a utilizar para finalidades educacionais.

Para Valente (1999), de uma maneira geral, os softwares podem ser classificados em softwares de tutoriais e softwares de programação, como apresenta o Quadro 5.1:

Quadro 5.1: Classificação dos softwares, segundo Valente (1999).

Softwares	
Tutoriais	**Programação**
Apresentam conceitos organizados previamente dentro de uma estruturação sistematizada de informação. Muitas vezes para sua compreensão, esses softwares requerem um maior envolvimento dos atores (educadores e educandos), necessitando criar situações complementares ao software para facilitar a compreensão das temáticas apresentadas.	Eles permitem a criação de outros softwares e está relacionado ao desenvolvimento de um algoritmo que será "materializado" pelo uso de uma linguagem de programação.

Como pode-se observar no Quadro 5.1, os tutoriais, como o próprio nome sugere, apresentam uma trilha que deve ser seguida pelo usuário. Softwares dessa natureza, quando aplicados para a educação, exige sempre uma ação planejada dos professores e dos alunos, para que os conteúdos e roteiros apresentados estejam contextualizados ao processo de aprendizagem. São softwares que direcionam para uma ação externa a ele e ensinam como fazer uma determinada ação e conhecer um determinado fenômeno a partir de uma lógica, geralmente sequencial, mas não necessariamente linear.

Já os softwares de programação, quando aplicados à educação, apresentam instruções a serem seguidas, dando uma funcionalidade de acordo com o algoritmo elaborado pelo educando e educador. Requer que o professor e o aluno compreendam o caminho definido no software, de acordo com as instruções programadas.

Tajra (2018) complementa que os softwares também podem ser classificados a partir de outras características além dos tutorias e de programação. Para a autora, os softwares podem ser também percebidos como:

- **Exercitação**: referem-se aos programas que possibilitam atividades interativas com disponibilização de questões para serem resolvidas — exercitam conceitos por meio de questionários e exercícios, promovendo *feedbacks* imediatos para o aprendiz.

- **Investigação**: são similares às enciclopédias. Atualmente, pode-se dizer que eles vêm sendo substituídos pelos sites de busca como o Google.

- **Simulação**: também conhecidos nos ambientes online como laboratórios. Por meio dele, é possível fazer experimentações e conhecer os prováveis resultados das experiências realizadas.

- **Jogos**: atualmente, são conhecidos como *games* — criam a experiência prática da aprendizagem por meio de jogos associados a conteúdos disciplinares, multidisciplinares e transdisciplinares.

- **Abertos**: são aqueles que permitem produções livre a partir do uso de editores de textos (Word), bancos de dados (Access), planilhas eletrônicas (Excel), softwares de autoria, programas gráficos (Paint), software de apresentações (PowerPoint), dentre outros. A criação das atividades e dos trabalhos educacionais dependerão das estratégias pedagógicas que caracterizam as metodologias ativas e variará de acordo com os atores envolvidos.

Muitas vezes, essas características encontram-se "mescladas" entre um tipo e outro de software. Ao mesmo tempo que ele é um software de exercitação, ele também pode ter características de simulação. O educador deve sempre ter em mente o que deseja explorar desse recurso para inseri-lo como uma de suas estratégias pedagógicas. Por esse motivo, quando escolhemos um software, é importante ter em mente as seguintes perguntas:

- Quais são as características do software?
- Qual configuração de equipamento ele requer? Existe a necessidade de acessórios adicionais para seu uso?
- Para qual faixa etária?
- Qual é a classificação do software?
- O que eu quero que o aluno aprenda?
- O que eu preciso ensinar?
- Existem pré-requisitos para o uso desse software?
- Em qual contexto deve ser utilizado?

- O software oferece *feedback*? É para uso online?
- Quanto tempo demanda a utilização desse software?

Tendo clareza dessas questões, a escolha por um ou outro software fica mais próxima dos objetivos de aprendizagem dos alunos. É possível utilizar os softwares como um dos recursos para promover as metodologias ativas, integrando a esta estratégia as tecnologias digitais. Caberá ao educador analisar as possibilidades do *software* e verificar como ele seria adequado de acordo com a metodologia a ser utilizada.

2. O uso de sites como estratégia pedagógica

Há uma série de sites disponíveis que apresentam conteúdos interativos e permitem que o aluno estude, interaja, desenvolva novas estratégias de aprendizagem e construa conhecimento, fazendo com que o processo de aprendizagem se torne mais dinâmico, rico e prazeroso.

Quadro 5.2: Sites para uso educacional.

Site	Características
Duolingo https://www.duolingo.com/	É uma plataforma gratuita que trabalha no campo das línguas estrangeiras. Os iniciantes começam traduzindo frases simples e, de acordo com o progresso demonstrado, recebem trechos mais complexos. O *feedback* é feito por um sistema de recompensa: os usuários são convidados a dar notas para as traduções dos outros usuários e ganham pontos por isso.
Khan Academy https://pt.khanacademy.org	É um portal interativo que permite a professores e alunos o acesso a vídeos e exercícios de diversas áreas, como: matemática, história, medicina e saúde, finanças, física, química, biologia, astronomia, economia, ciência da computação etc. A estratégia adotada para o *feedback* é a geração de pontuação. Conforme os usuários fazem os exercícios propostos, vão adquirindo pontos e o professor pode acompanhar o processo.

(Continua)

(Continuação)

Codecademy https://www.codecademy.com/	É um portal que permite aos usuários acesso a diversos cursos técnicos de informática, como programação de computadores (HTML & CSS, Javascript, JQuery, PHP, Python, Ruby, Java[1]), banco de dados etc. Além de gratuito, os usuários têm a disposição exemplos e exercícios e só conseguem ir para o próximo nível se desenvolver os anteriores. Nesse site, o aluno aprende programação criando jogos preestabelecidos.
Microsoft Educação https://www.microsoft.com/pt-br/education/default.aspx	É um portal que apresenta várias soluções para a sala de aula, dentre elas: o Minecraft, que estimula a criatividade por meio de diferentes jogos; o MakeCode, que usa a ciência da computação para os projetos educacionais; o acesso a planos de aula por meio de projetos STEM, dentre várias outras opções.

Apresentamos no Quadro 5.2 alguns sites com análise de suas características, no sentido de auxiliar o início de uma reflexão sobre esses materiais, na tentativa de contribuir com sua escolha e com o estabelecimento de critérios de análise para o uso de outros sites e softwares para fins educacionais online.

Da mesma forma que deve ser realizada uma análise dos softwares educacionais antes de seu uso, para definir como será inserido em uma estratégia pedagógica, o mesmo deve ser feito em relação aos sites. Ao escolher um site educacional, além das sugestões dadas: identifique a autoria do site, para verificar a confiabilidade; a data de publicação, para verificar se a informação é recente ou não; o público-alvo; os objetivos do site; os conteúdos disponíveis; a existência de opções de comunicações síncronas ou assíncronas, de recursos de pesquisa e outros serviços. Após esse levantamento, faça o mesmo que foi sugerido para o uso dos softwares educacionais, analise como esse recurso pode ser inserido na estratégia pedagógica desejada.

---

1   HTML & CSS, Javascript, JQuery, PHP, Python, Ruby, Java: linguagens de programação que permitem criar softwares para serem executados nos computadores.

3. Programação: recurso tecnológico digital por natureza "ativo"

O uso de software de programação como estratégia pedagógica, por sua própria natureza, já posiciona o educador em uma posição de mediador e o aluno na posição do protagonista responsável pela criação. Caberá ao educador promover o ensino sobre as instruções do software, mas caberá ao aluno o ato do "fazer" e "produzir", e terá sempre como objetivo final a ser alcançado a solução de um problema, ou pelo menos, a proposição de uma melhoria para o problema em estudo. O uso desse recurso apoiará o desenvolvimento de uma lógica sequencial para a solução de problemas.

Valente (1999, p. 73) afirma que a programação é uma ferramenta para resolver problemas que exige que o aluno compreenda conceitos e estratégias e utilize um estilo próprio para resolver um problema apresentado, por meio da linguagem de programação. Para ele, há um ciclo que é percorrido pelo aluno e que o auxilia no processo de construção do conhecimento, denominado de "descrição–execução–reflexão–depuração–descrição", como mencionado na Figura 5.1.

Figura 5.1: Etapas da programação.

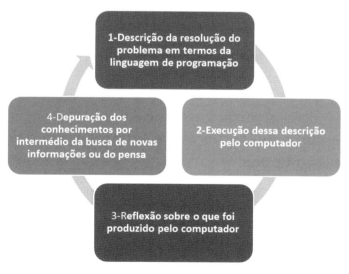

Fonte: Adaptado de Valente (1999).

Etapa 1 — Descrição da resolução do problema em termos da linguagem de programação

Para Valente (1999, p. 73), significa utilizar toda a estrutura de conhecimento "(conceitos envolvidos no problema, estratégias de aplicação dos conceitos, conceitos sobre o computador, sobre a linguagem etc.) para representar e explicitar os passos da resolução do problema em termos da linguagem de programação". É o momento em que é elaborado o algoritmo visando à resolução do problema.

Etapa 2 — Execução da descrição da resolução do problema em termos da linguagem de programação pelo computador

Essa etapa consiste na forma como o computador pode fazer acontecer o que foi planejado pelo usuário, em termos de uma linguagem de programação. É o momento em que o sistema desenvolvido executará o que foi programado.

Valente (1999, p. 73) afirma que isso apresenta "um *feedback* fiel e imediato, desprovido de qualquer animosidade ou afetividade que possa haver entre o aluno e o computador". O computador apenas executa o que foi planejado pelo usuário: se um comando foi digitado errado ou de forma equivocada, a resposta do computador não será a esperada. O resultado da programação será exatamente aquela que foi digitada pelo usuário.

Etapa 3 — Reflexão sobre o que foi produzido pelo computador

A reflexão sobre o que foi produzido pelo computador permite o que o aluno saia de sua zona de conforto e reflita sobre quais ações feitas por ele produziram o resultado apresentado pela programação.

Para Valente (1999, p. 74), nesse momento, acontece um momento de abstração mais simples, também chamado de empírica, "que permite ao aprendiz extrair informações do objeto ou das ações sobre o objeto, tais como a cor e a forma do mesmo. A abstração pseudoempírica permite ao aprendiz deduzir algum conhecimento de sua ação ou do objeto". Como exemplo disso, o aluno pode ter digitado que queria uma figura de quatro lados, pensando em obter um retângulo, porém, como especificou apenas uma medida, a figura obtida foi um quadrado, que tem quatro lados iguais.

Nesse momento, é exigido do aluno que tenha uma abstração reflexionante, que "possibilita a projeção daquilo que é extraído de um nível mais baixo (por exemplo, o fato de a figura obtida ser um quadrado) para um nível cognitivo mais elevado ou a reorganização desse conhecimento em termos de conhecimento prévio" (p. 74). Aqui o aluno começa a pensar sobre as próprias ideias e precisa tomar uma decisão: ou refaz o que deu errado, ou se satisfaz com o resultado e vai para a próxima etapa.

Etapa 4 — Depuração dos conhecimentos por intermédio da busca de novas informações ou do pensar

Nessa etapa, o usuário pode se aprofundar a buscar informação sobre conceitos necessários, convenções sobre a linguagem de programação, computação ou estratégias que precisará utilizar. "Essa informação é assimilada pela estrutura mental (passa a ser conhecimento) e utilizada no programa para modificar a descrição anteriormente definida. Nesse momento, repete-se o ciclo descrição–execução–reflexão–depuração–descrição" (VALENTE, 1999, p. 74).

Para Valente (1999, p. 78), o aluno é colocado em uma situação de protagonismo e precisa conhecer conteúdos, linguagem de programação e linguagem da ferramenta tecnológica que irá utilizar. Para ele, "quando o aprendiz está desenvolvendo um projeto e representa-o em termos de uma multimídia, usando para isso um sistema de autoria, ele está construindo uma sucessão de informações apresentadas por diferentes mídias".

Como exemplo de site para programação, apontamos o Scratch (Quadro 5.3).

Com o Scratch pode-se criar jogos, histórias, animações interativas e compartilhar as criações com outras pessoas. É uma ferramenta pensada para um público de crianças e adolescentes, apesar de poder ser utilizada por pessoas de qualquer idade.

Quadro 5.3: Scratch.

Site	Características
Scratch www.scratch.mit.edu	Linguagem de programação desenvolvida pelo *Lifelong Kindergarten Group* do MIT Media Lab, com o apoio financeiro da National Science Foundation, Microsoft, Intel Foundation, Nokia, e consórcios de investigação do MIT Media Lab. Sua disponibilidade é gratuita.

A programação efetuada pelo Scratch permite a sequência de instruções (comandos) simples, que correspondem a blocos de várias categorias, encaixados e encadeados de forma a produzir as ações desejadas. Os projetos desenvolvidos são baseados em objetos gráficos definidos como *sprites*. Pode-se mudar a aparência de um *sprite*, dando-lhe novos trajes, ou fazê-lo parecer-se com pessoas, objetos ou até animais. Pode-se ainda dar instruções, indicando-lhe para se mover, reproduzir sons ou músicas ou reagir a outros *sprites*. Para isso, basta colocar sequências de comandos, arrastando-os e encaixando-os em blocos, tal como se fossem peças de quebra-cabeça ou de lego.

Criado (2018) apresenta um trabalho usando o Scratch para criar jogos de matemática para crianças dos anos iniciais do ensino fundamental. À medida que criam projetos na ferramenta, os alunos também aprendem sobre o processo de design (concepção), que começa por uma ideia, cria-se um protótipo como base de trabalho, experimenta-o, corrigem-se os *bugs* (erros) quando não funciona adequadamente, recebe-se o *feedback* e cria-se um novo projeto. É uma espiral contínua: ter uma ideia e criar um projeto, o que leva a novas ideias, que, por sua vez, conduz a novos projetos e assim sucessivamente.

4. Gamificação

"*Gamification* é um termo em inglês, sem tradução ou equivalente imediato em português, que se refere ao uso de jogos em atividades diferentes de entretenimento puro" (VIANNA *et al.*, 2013, p. 13).

Para os autores, gamificação é a utilização das situações dos jogos com o intuito de obter maior nível de comprometimento, engajamento e estímulo à inovação;

portanto, é um meio, e não um fim. Mais do que utilizar a gamificação nas escolas, para engajamento dos alunos, é necessário que se tenha uma estratégia bem definida, objetivos claros e ciência do motivo da adoção dessa ferramenta.

Para Moran (2018, p. 21), a gamificação está cada vez mais presente na escola e é uma estratégia importante de "encantamento e motivação para uma aprendizagem mais rápida e próxima da vida real [...]. Para gerações acostumadas a jogar, a linguagem de desafios, recompensas, competição e cooperação é atraente e fácil de perceber".

O autor afirma que jogos individuais ou para muitos jogadores, os que envolvem competição, colaboração ou criação de estratégias, com etapas e habilidades bem definidas, estão sendo incorporados cada vez mais nas estratégias de aulas de professores que desejam aproximar o cotidiano dos estudantes com seus objetivos de aprendizagem, tornando esse momento da aula mais estimulante e desafiador.

Nesse sentido, é preciso pensar nos *games* a partir dessa perspectiva da aprendizagem ativa: a aprendizagem dos alunos, de forma significativa, torna-se uma referência constante no que tange sua relação com o professor e o conteúdo. Ao mesmo tempo, é preciso considerar as formas de organização das atividades que os alunos realizam na escola, suas potencialidades de trabalho coletivo e interativo e as possibilidades tecnológicas, com seus limites e potencialidades.

Para Mattar (2015), uma grande possibilidade de a escola organizar seu projeto educativo é considerar o projeto da New Media Literacies (NML), desenvolvido no Massachusetts Institute of Technology (MIT), que pesquisa as competências e as habilidades para o mundo de hoje, como as apontadas no Quadro 5.4:

Quadro 5.4: Habilidades para o uso da gamificação.

Habilidades	Descrição
Espírito de jogador	Capacidade de explorar o ambiente a fim de solucionar problemas.
Performance	Habilidade de seguir alternativas com objetivo de improvisar e descobrir.
Simulação	Habilidade de interpretar e construir modelos dinâmicos de processos do mundo real.

(Continua)

(Continuação)

Habilidades	Descrição
Apropriação	Habilidade de experimentar significativamente os conteúdos.
Multitarefa	Habilidade de escanear o ambiente e mudar o foco, conforme a necessidade.
Cognição distribuída	Habilidade de interação com as ferramentas que permitem a ampliação da capacidade mental.
Inteligência coletiva	Habilidade de acumular conhecimentos, comparar com os já foram obtidos, em direção a um objetivo comum.
Senso crítico	Habilidade de avaliar e comparar a confiabilidade e a credibilidade de diferentes fontes de informação.
Navegação transmídia	Habilidade de seguir o fluxo de histórias e informações, através de várias modalidades ou fontes.
Networking	Habilidade de pesquisar, sintetizar e divulgar informações.
Negociação	Habilidade de navegar por diversas comunidades, discernindo e respeitando múltiplas perspectivas, bem como compreendendo e seguindo as normas.
Visualização	Habilidade de interpretar e criar representações de dados, para demonstrar as ideias, encontrar padrões e tendências.

Fonte: Mattar (2015, p. XIV).

Mattar (2015) também afirma que os *games* podem ser categorizados a partir de três categorias: (a) *games* epistêmicos; (b) *games* e simulações; e (c) *games* persuasivos.

(a) Games epistêmicos

Os *games* epistêmicos são definidos por Mattar (2015, p. 39) como "mundos virtuais criados a partir das práticas para desenvolver o pensamento inovador". Esses *games* têm estruturas definidas como conjunto de competências e habilidades, conhecimentos, valores e epistemologia, pelos quais os profissionais devem compreender.

No site Epistemic Games,[2] é possível encontrar alguns projetos de jogos desenvolvidos para subsidiar a iniciativa de escolas quanto a seu uso:

Quadro 5.5: *Games* epistêmicos.

Site	Características
Digital Zoo (Zoológico Digital)	A proposta é tornar os alunos engenheiros biomecânicos que projetam seres virtuais, aprendendo sobre física e engenharia ao longo do caminho.
Urban Science (Ciência Urbana)	A proposta é o planejamento urbano para a construção de um shopping. Entre os elementos necessários para a construção, estão o planejamento financeiro, as informações geográficas da região e o zoneamento.
Projeto Pandora	A proposta é trabalhar com biologia, relações internacionais e mediação. Os alunos são colocados como mediadores e devem defender sua posição no debate entre ética do transplante de órgãos de animais em seres humanos.
Escher's World (Mundo de Escher)	A proposta consiste na criação artística para exposições de arte matemática no estilo de *MC Escher*. Os alunos aprendem design arquitetônico através do uso de linhas, curvas, entre outros elementos da geometria.
Science.net	O objetivo é tornar os alunos jornalistas — eles assumem o papel de um repórter para um *site* de notícias online. Entre as habilidades envolvidas destacam-se a entrevista, a pesquisa e a escrita.

(Continua)

---

2   Disponível em: <http://edgaps.org/gaps/projects/>.

(Continuação)

Site	Características
Land Science	A proposta é que o aluno assuma o papel de um estagiário em uma empresa de planejamento urbano. Deve-se criar um plano de zoneamento envolvendo habilidades sobre controle de poluição, proteção de vida silvestre e eliminação de resíduos.
Nephrotex	A proposta é que o aluno assuma o papel de estagiário em uma empresa de design de engenharia biomédica, cujo objetivo é a criação de uma membrana baseada em nanotecnologia para uso em sistemas de diálise renal.
RescuShell	Os alunos fazem o papel de estagiários em uma empresa fictícia de engenharia mecânica e são designados para um projeto em que devem desenvolver as pernas para um exoesqueleto mecânico auxiliar, que será usado por equipes de resgate em situações perigosas.
ENA (Análise de Rede Epistêmica)	Esse projeto tenta fornecer uma resposta transformadora e inovadora para uma questão fundamental para a aprendizagem de ciência, tecnologia, engenharia e matemática (STEM). Exige a participação da vida social, econômica e cultural em um mundo globalizado.
AutoMentor	Trata-se da construção de um sistema que fornecerá experiência profissional e *feedback* crítico usando simulações de práticas do mundo real.

Fonte: Adaptado de Criado (2018).

(b) Games e simulações

Para Aldrich (2005), os mundos virtuais são ambientes sociais amplos e cheios de caixas e ferramentas interativas. Os *games* são maneiras divertidas de se expor e se familiarizar com algumas ferramentas e ideias, e são mais estruturados em comparação com os mundos virtuais. Simulações educacionais, por sua vez, são processos rigorosos para desenvolver habilidades específicas, as quais são transferidas diretamente ao mundo produtivo.

Mattar (2015) afirma que é preciso considerar três conceitos importantes quando se fala em *games* e simulações:

- As características do mundo virtual.

- Os *games* propriamente ditos.

- A estrutura que caracteriza as simulações.

Para o autor, esses três conceitos podem ser alinhados ou não. O interessante seria alinhá-los para atingir uma integração e aprendizagem melhor do que trabalhar com apenas um determinado elemento.

Como exemplos de simulações bastante conhecidos no mercado, temos os simuladores de direção automotiva e os simuladores de voos. Outro exemplo citado por Mattar (2015) é o jogo SimCity, que permite organizar o conteúdo de uma maneira divertida para jogar. O jogador escolhe suas prioridades e vai construindo sua própria trilha, a partir das escolhas feitas na construção da cidade, proporcionada pelo jogo. Durante o *game*, algumas questões (problemas) são apresentadas e compreendidas, levando o jogador a fazer suas escolhas baseado nos dados e condições que possui.

(c) Games persuasivos e aprendizado baseado em jogos digitais

A definição atribuída por Mattar (2015) sobre *games* persuasivos são os que constroem argumentos sobre como os sistemas funcionam no mundo real, levando o jogador a modificar sua opinião fora do jogo.

Mattar (2015) relata o importante trabalho do pesquisar (*Prensky*) e o conceito da aprendizagem baseada em jogos digitais (*digital game-based learning*), lançada em 2001 e fundamentada em duas premissas:

1. Os aprendizes mudaram em diversos pontos essenciais.
2. São de uma geração vivenciada por jogar, principalmente em computadores e videogames.

Por fim, Criado (2018) afirma que uma questão importante a se considerar quando do uso da gamificação, também apontada por Mattar (2015), é o tratamento do erro, ou seja, a forma como a escola e o professor lidam com o erro nos processos de ensino-aprendizagem. O fracasso em um videogame é completamente diferente dos erros na escola, que em muitas situações desmotivam, geram comparações entre os colegas, estabelecendo, às vezes, uma competição não saudável. Geralmente os *games* estão programados para que o usuário retorne quantas vezes forem necessárias até que ele "passe de fase", ou seja, não erre mais e avance para um outro nível de complexidade.

5. Redes sociais: uma categoria das mídias sociais

A vontade de se conectar e de trocar informações com outras pessoas e/ou empresas de qualquer lugar do mundo tem feito com que todos estejamos cada vez mais conectados nas redes sociais. Cada vez mais, cresce o número de pessoas e organizações que utilizam as redes sociais.

Mas, afinal, o que são redes sociais?

Redes sociais são aplicativos e sites que funcionam com objetivos variados, como, por exemplo, relacionamento, grupos de pesquisa e trabalho, e que possibilitam o compartilhamento de informações basicamente entre pessoas e pessoas, entre pessoas e empresas, entre empresas e empresas e entre grupos.

Figura 5.2: Redes sociais.

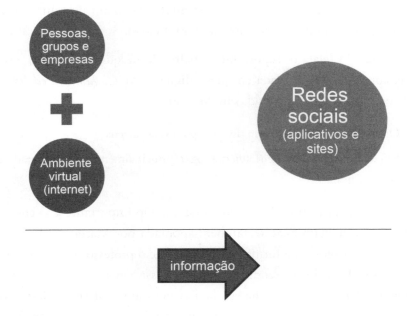

A virtualização da informação e dos processos de comunicação certamente abriu novas formas de interação entre as pessoas, e o mundo nunca mais foi o mesmo depois disso (Figura 5.3). Nesse contexto, as redes sociais têm se destacado como um dos fenômenos de maior expressão no cotidiano dos indivíduos e da sociedade e, consequentemente, da educação (SILVA, 2015).

Figura 5.3: Grande acesso às redes sociais.

Muitas pessoas consideram que os termos "mídias sociais" e "redes sociais" significam a mesma coisa. Embora possa parecer, não significam a mesma coisa:

MÍDIAS SOCIAIS

" *é o uso das tecnologias para tornar interativa a comunicação entre as pessoas. O termo é amplo e envolve diferentes mídias: vídeos, redes sociais, blogs, entre outros. Redes sociais são estruturas sociais formadas por pessoas com interesses comuns. As redes sociais são uma categoria das mídias sociais.* "

Alguns dados quanto ao uso de redes sociais são bem significativos: segundo pesquisa realizada pela empresa com Score (2018), houve um incremento de 25% dos brasileiros que acessam dos *desktops* e celulares as redes sociais, entre os anos de 2017 e 2018. O Brasil é o 3º país que mais usa as redes sociais, sendo que 78% dos brasileiros que navegam em *desktops* acessam as redes.

Pessoas nascidas na década de 1980 pertencem à Geração Y, como já foi exposto no Capítulo 2, e essa foi a primeira geração a usar a internet, com acesso a computadores e *desktops*. Já as pessoas da Geração Z, desde que nasceram tiveram acesso ao mundo digital e globalizado. Então, quem são os maiores usuários das redes sociais no Brasil? São, principalmente, os jovens entre 15 e 24 anos, os quais correspondem a 26% dos usuários; as pessoas entre 25 e 34 anos correspondem a 24% dos usuários; e a população entre 35 e 44 anos corresponde a 22% dos usuários.

Dados do Instituto Brasileiro de Geografia e Estatística (IBGE) indicam que 95% dos brasileiros que possuem celular já utilizam aplicativos de mensagens para se comunicar, inclusive no trabalho. Outro estudo, da consultoria 4CO, realizado em 2018, com 1321 profissionais do mercado, mostrou que 94% das pessoas fazem parte de algum grupo virtual com colegas de trabalho (Revista Você RH, dez. 2018/jan. 2019).

O relatório da Social Media Trends (2018) indica que 94,4% das empresas estão presentes nas redes sociais, sendo que, até o momento atual, as redes mais acessadas são o Facebook e o Instagram.

Se as pessoas e as empresas estão conectadas, entendemos que o segmento da educação também deve estar conectado, para que possa estar inserido nesse ambiente, fazendo parte como sujeito ativo no espaço digital.

Os alunos, aprendizes e educandos, em geral, já fazem uso das redes sociais e, por esse motivo, fica mais fácil explorar seus recursos para utilização na educação. As redes sociais permitem estender o espaço físico das salas de aula e romper as barreiras físicas, temporais e geográficas. Os educandos têm a oportunidade de realizar pesquisas com temas que lhes interessam a hora que desejar e em qualquer localidade. O uso das redes digitais pode contribuir para a diminuição das barreiras de comunicação entre os alunos e professores, possibilitando que esses fiquem mais próximos e se sintam em um mesmo nível de compreensão da sociedade digital.

VOCÊ SABIA?

> *Na Noruega, vive a população mais conectada no Facebook: 76% dos noruegueses usam essa rede social diariamente e apenas 12% deles não têm uma conta. Já nos Estados Unidos, os usuários do Facebook são os que mais geram lucros com publicidades. Os norte-americanos possuem mais contas nessa rede social (apenas 11,3% não têm uma), mas "somente" duas em cada três pessoas a usam diariamente (REVISTA GALILEU, 2018).*

Diante desse entendimento, apresentamos um resumo no Quadro 5.6 das principais características de diferentes redes sociais e sugestões de uso para fins educacionais.

Por meio das redes sociais, os educadores podem estimular que os alunos promovam *networking*, façam trabalhos colaborativos e troquem informações em tempo real, bem como por meio de comunicações assíncronas, visto que as informações compartilhadas ficarão disponíveis na rede para acesso a qualquer momento.

Observe que tantos os softwares educacionais quanto os sites e as redes sociais são recursos tecnológicos digitais que podem ser inseridos como uma das ferramentas para a aplicação das metodologias ativas, seja por meio da *problem based learning* e da *project based learning*, seja através da *peer instruction*, da metodologia CEMTRAL, *design thinking*, dentre outras. Caberá ao educador escolher a metodologia e planejar seu uso, conforme os objetivos que deseja alcançar.

Quadro 5.6: Diferentes redes sociais e seus usos.

Redes sociais	Características	Usos
Facebook	Desenvolvido por estudantes de Harvard, em 2004, para colocar em rede os dados dos perfis dos alunos. Atualmente, é considerada a maior rede social do mundo, ultrapassando um bilhão de usuários. O Facebook não é só um canal de comunicação, mas é também um destino para pessoas interessadas em partilhar e aprender sobre determinado assunto. Por meio do Facebook, é possível conhecer pessoas e saber como e com o que elas se relacionam.	Pode ser explorado como uma ferramenta pedagógica em atividades colaborativas no processo educativo. Possui vários aplicativos que podem ser utilizados pedagogicamente, tais como: *quizzes*, *flashcards*, *podclass*, *slideshare*, *divshare*, entre outros. O professor pode utilizá-los para trabalhar de forma colaborativa com os alunos e distribuir objetos de aprendizagem. O professor também pode criar seus grupos conforme as temáticas trabalhadas, facilitando a interação entre todos e de forma que todos possam compartilhar suas produções.
Instagram	É uma rede social, que embora recente, já possui 150 milhões de usuários. O perfil dos usuários do Instagram é mais jovem que o do Facebook. Ambas redes sociais possuem algumas funções muito semelhantes, como o compartilhamento de imagens e vídeos de curta duração.	Por ter por objetivo principal o compartilhamento de imagens e vídeos de curta duração, pode ser utilizada na educação exatamente para esse fim, cabendo ao educador especificar o uso de imagens e vídeos de acordo com seu momento pedagógico.
LinkedIn	O LinkedIn foi criado especialmente para relacionamentos profissionais, como, por exemplo, encontrar um emprego, descobrir malas-diretas, entrar em contato com possíveis parceiros de negócios.	Interagir e promover a integração do usuário com outros profissionais de sua área.
YouTube	Atualmente, é o site de vídeos mais acessado do mundo.	Pode-se criar um canal exclusivo para a instituição e com endereço próprio, que reunirá todos os vídeos que o usuário enviar ao YouTube.

Redes sociais	Características	Usos
Twitter	Mais uma ferramenta de origem norte-americana, o Twitter é uma rede de informação em tempo real que conecta o usuário às últimas histórias, ideias, opiniões e notícias sobre o que há de mais interessante.	Criar um perfil de uma determinada unidade curricular no Twitter pode ser uma boa estratégia pedagógica. Nela, é possível adicionar ao conteúdo programático desafios e materiais complementares, assim como forçar com que os acadêmicos interajam com a ferramenta e também com os demais colegas. Sua principal característica é a escrita de um pensamento com no máximo 140 caracteres, em que os acadêmicos são forçados a ter coesão em seus comentários.

Fonte: Adaptado de Silva (2015), Scherer e Farias (2018), Miranda Junior (2013).

Recapitulando

As metodologias ativas podem ser implementadas no mundo educacional a partir do uso das tecnologias digitais, seja por meio de softwares educacionais, *games*, sites disponíveis na internet, ou das redes sociais — o que deve ser considerado é qual o objetivo deseja ser alcançado e, conforme esse objetivo, qual será o melhor momento e a melhor estratégica pedagógica. Caberá ao educador, na posição de mediador, definir com a participação dos educandos o melhor uso para o aprendizado. O foco em si é a aprendizagem ativa. As tecnologias digitais são apenas um dos recursos que podem ser utilizados para apoiar a aprendizagem.

Para refletir

Diante do contexto da Revolução 4.0, a tendência é incorporar cada vez mais as tecnologias digitais no processo da aprendizagem. Como as escolas e educadores podem desenvolver estratégias para que elas possam ser incorporadas no cotidiano educacional, visto que ainda existe resistência quanto ao uso dessas tecnologias em sala de aula? Como romper com essas resistências? Como o uso das tecnologias digitais podem ser avaliadas no âmbito educacional? O que elas efetivamente favorecem ao aprendizado, ou não, ou se são apenas um modismo?

Referências

ALDRICH, Clark. *Learning by Doing*: a comprehensive guide to simulations, computer games, and pedagogy in e-Learning and other educational experiences. Hoboken: John Wiley & Sons, 2005.

CRIADO, L. L. *Um estudo sobre o uso da gamificação nos anos iniciais do ensino fundamental*. 210f. 2018. Dissertação de Mestrado (Programa de Pós-graduação em Educação e Desenvolvimento Humano). Universidade de Taubaté. Taubaté/SP. 2018.

MATTAR, João. *Games em Educação:* como os nativos digitais aprendem. São Paulo: Pearson, 2015.

MIRANDA JÚNIOR, J. *Redes sociais e a educação*. 2. ed. Florianópolis: IFSC, 2013. 60 p.

MIZUKAMI, Maria da Graça Nicoletti, REALI, Aline Maria de Medeiros Rodrigues. *Formação de Professores, práticas pedagógicas e escola*. São Carlos: EdUFSCar, 2002.

MORAN, J. Metodologias ativas para uma aprendizagem mais profunda. In: BACICH, L.; MORAN, J. (org.). *Metodologias ativas para uma educação inovadora:* uma abordagem teórico-prática. Porto Alegre: Penso, 2018.p. 1-25.

SCHERER, A. L.; FARIAS, J. G. Uso da rede social Facebook como ferramenta no ensino-aprendizagem em cursos de ensino superior. *Revista Brasileira de Educação a Distância*. v. 11, set. 2012. São Paulo: Associação Brasileira de Educação a Distância, 2018.

SILVA, R. S. *Ambientes virtuais e multiplataformas online na EAD:* didática e design tecnológico de cursos digitais. São Paulo: Novatec, 2015.

VALENTE, J.A. (org.). *O computador na sociedade do conhecimento*. Ministério da Educação. Secretaria de Educação à Distância. Programa de Informática na Educação. Brasília: MEC, 2009.

VIANNA, Y. *et al. Gamificação, Inc:* Como reinventar empresas a partir de jogos. Rio de Janeiro: MJV Press, 2013.

TAJRA, S.F. *Informática na Educação* – O Uso de Tecnologias Digitais na Aplicação das Metodologias Ativas. São Paulo: Érica, 2019.

Sites:

Instituto Brasileiro de Geografia e Estatística (IBGE). https://www.ibge.gov.br/estatisticas-novoportal/multidominio/ciencia-tecnologia-e-inovacao/9137-pesquisa-sobre-o-uso-das-tecnologias-de-informacao-e-comunicacao-nas-empresas.html?=&t=o-que-e, Acesso em: 10 jan. 2019.

O cenário das redes socias no Brasil. Empresa Comscore. https://www.comscore.com/por/Insights/Apresentacoes-e-documentos/2018/State-of-Social, Acesso em: 20 dez. 2018.

Relatório da Social Mídia Trends. Empresa Rock Content. 2018. https://materiais.rockcontent.com/social-media-trends, Acesso em 12/1/2019.

Hábitos de Usuários no Facebook. Revista Galileu (online) https://revistagalileu.globo.com/Tecnologia/noticia/2018/10/pesquisadores-divulgam-habitos-dos-usuarios-do-facebook.html, Acesso em: 11 jan. 2019.

— *Patrícia Monteiro*

CAPÍTULO 6

METODOLOGIAS ATIVAS NA EDUCAÇÃO A DISTÂNCIA

Introdução

Agora que você já conhece o conceito de metodologias ativas, exposto no Capítulo 3, vamos tratar de seu uso na educação a distância. O que se busca basicamente, com o uso das metodologias ativas é que o aluno esteja psicologicamente envolvido na aula para aprender. Podemos estar assistindo a uma aula expositiva presencial na escola ou via internet (online), deitados na cama em casa, e estar ou não ativos, pois tirar o aluno da passividade não está relacionado à modalidade de ensino que ele escolheu (presencial ou a distância) ou ao espaço físico em que ele se encontra.

A Revolução Digital (4ª Revolução Industrial), tratada no Capítulo 1, traz à tona a discussão sobre o uso de metodologias ativas no processo de aprendizagem, posicionando o aluno como principal elemento e, também, protagonista de sua própria aprendizagem, tendo o professor como mediador e, ainda, o uso de ferramentas tecnológicas e conexões digitais a favor desse processo.

1. O processo de aprendizagem

Vamos abrir um parêntese para explicar a você, de forma resumida, como se dá o processo de aprendizagem, pois usaremos a palavra "aprendizagem" algumas vezes neste capítulo.

Quando adquirimos novos conhecimentos, estamos aprendendo e retemos na memória o conteúdo que foi aprendido. Aprender é um processo complexo — cada uma das pessoas aprende de forma única e diferente, e só aprendemos o que faz sentido para nós gerando conexões cognitivas e emocionais.

Figura 6.1: Aprendizado em rede.

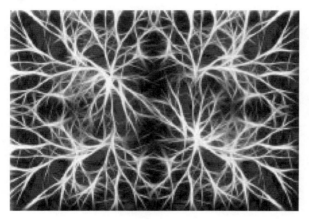

A neurociência,

" que, segundo dicionários da língua portuguesa, é a ciência ou conjunto de conhecimentos que se refere ao sistema nervoso, desenvolveu pesquisas recentes que indicam que nosso cérebro aprende se conectando em rede. "

Quando uma informação nova é adquirida mediante esforço por parte do aluno em conectar a informação nova com conhecimentos preexistentes em sua estrutura cognitiva, chamamos de aprendizagem significativa. O pesquisador norte-americano Ausubel (2003), da área de psicologia educacional, explicita que o fator mais importante que influencia o aprendizado é aquilo que o aprendiz já conhece, aquilo que já viu e que já compreendeu. Para ele, aprender significativamente necessita ampliar e reconfigurar ideias anteriormente existentes na estrutura mental e, com isso, ser capaz de relacionar e acessar novos conteúdos.

Figura 6.2: Aprendizagem significativa.

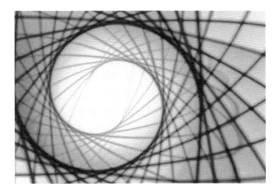

Segundo Ausubel (2003),

" *o conhecimento é significativo por definição. É o produto significativo de um processo psicológico cognitivo (saber) que envolve a interação entre ideias culturalmente significativas, ideias anteriores relevantes da estrutura cognitiva particular do estudante e o "mecanismo" mental do mesmo para aprender de forma significativa ou para adquirir e reter conhecimentos.* "

Fonte: Texto adaptado de Ausubel (2003). **Imagem**: Pixabay.

Weisz (2002) cita que uma boa situação de aprendizagem é aquela em que as crianças pensam sobre e analisam o conteúdo estudado. Segundo a autora, o assunto trabalhado deve manter suas características socioculturais reais, sem se transformar em um objeto escolar vazio de significado social.

A aprendizagem é ativa e significativa quando avançamos em espiral, de níveis mais simples para mais complexos de conhecimento e competência em todas as dimensões da vida. A aprendizagem mais profunda requer espaços de prática frequentes (aprender fazendo) e de ambientes ricos em oportunidades. Por isso, a importância do estímulo multissensorial e a valorização dos conhecimentos prévios dos estudantes para "ancorar" novos conhecimentos (MORAN, 2018).

2. O ambiente profissional e as tecnologias digitais

Você já sabe que o uso da internet trouxe grandes transformações para as atividades humanas e culturais, e, consequentemente, para a vida das pessoas. Em relação ao trabalho, muitos profissionais passaram a trabalhar a partir de casa, do avião, em hotéis, à noite, nas férias, e estão sempre disponíveis em seus telefones celulares. Castells (2003) menciona que a internet torna possível uma configuração múltipla dos espaços de trabalho para além da configuração existente, aquela em que as pessoas regularmente realizam determinadas atividades em determinados locais.

As organizações, de forma geral, também estão se transformando. Há mudanças em seus quadros de funcionários, nas hierarquias, nas estruturas organizacionais e nas formas de produção — é o fim das fronteiras tecnológicas entre as empresas. Quando transpomos os reflexos da 4ª Revolução Industrial ou Revolução Digital para o ambiente profissional, percebemos rápidas transformações no que diz respeito aos aspectos relacionados a treinamento e desenvolvimento, sendo requeridas habilidades mais complexas, concomitantes com as mudanças na forma como os funcionários preferem aprender.

Leia mais sobre Revolução Digital no Capítulo 1.

Muitas empresas criam plataformas gratuitas de ensino que ajudam profissionais do mundo todo a desenvolver competências essenciais para trabalhar com ferramentas tecnológicas, organizadas por trilhas de conhecimento que variam de acordo com o interesse do usuário. Na indústria, em que predominam automação e inteligência artificial, a capacitação das pessoas também passa a ser um elemento relevante para a implantação de novos processos.

Figura 6.3: Tecnologias e ambiente profissional.

Na Figura 6.4, apresentamos as principais tendências de investimentos das empresas, nos próximos dois anos, em canais de aprendizagem, métodos de ensino e em sistema de gestão e aprendizagem. Essa pesquisa foi realizada pela Gartner — empresa de melhores práticas de *benchmarking* global de capital humano — e participaram 300 executivos da área de treinamento e desenvolvimento. A estimativa de investimentos futuros previstos nas empresas em que os executivos trabalham foi classificada em alta, média e baixa.

Podemos evidenciar que as empresas acreditam no impacto da sala de aula, mas não planejam investir nesse canal de ensino. Por outro lado, as videoaulas e o ensino virtual são os canais de ensino que mais receberão investimentos, nos próximos dois anos.

Quando perguntados sobre "de que forma educar", os executivos apontam como métodos mais usados: *on the job* (realizado no próprio trabalho ou vaga), *mentoring* (ferramenta de desenvolvimento profissional que consiste em uma pessoa experiente ajudar outra menos experiente) e coaching (desenvolvimento de competências e habilidades para o alcance de resultados planejados) — mas que pretendem usar a inteligência artificial, simulações e planos de ação para capacitação dos funcionários em um futuro próximo.

Figura 6.4: Mandala do ensino.

Fonte: Adaptado de Revista *Você RH* (dez. 2018/jan. 2019).

3. A educação e as tecnologias digitais

As tecnologias digitais de informação e comunicação trouxeram grandes desafios à educação e, consequentemente, à sala de aula. A educação formal tem, atualmente, de atender os jovens da Geração Z, que nasceram praticamente utilizando tecnologias, cada vez mais fáceis de usar e passíveis de colaboração entre pessoas de qualquer lugar, em tempo real.

Quem é que não tem um jovem na família que é consultado pelos mais velhos, para qualquer coisa relacionada ao uso de *apps* ou redes sociais? Pois é! Esses jovens têm acesso a muita informação (de todos os tipos), na hora e do lugar que eles desejarem, e isso certamente tem implicações no papel do professor e nos modelos educacionais propostos no ensino formal. Esses jovens são diferentes das gerações anteriores e, por isso, a escola e os professores precisam também se adaptar e se reinventar.

Figura 6.5: Mundo virtual.

Autores como Lévy (1999) e Mill (2012) afirmam que as tecnologias digitais de informação (mundos virtuais) e comunicação (de todos com todos), além de democratizar o conhecimento, possibilitaram a incorporação de novas práticas pedagógicas ou reformulação de procedimentos tradicionais de ensino-aprendizagem, a partir de teorias educacionais já consolidadas ou emergentes.

A educação formal — presencial e a distância — vem sendo pressionada para mudar as formas tradicionais de ensinar. Há necessidade de mudança no currículo (tornando-o mais flexível), na participação dos professores (mais qualificados e orientadores), na organização das atividades didáticas (mais ativas) e na organização espaço-tempo (integrado). Novos caminhos propõem modelos mais centrados no aprendizado ativo, no desenvolvimento de competências amplas (intelectuais e socioemocionais), combinando percursos individuais flexíveis (com o uso de plataformas adaptativas), aprendizagem em grupo (que amplia a abrangência do que cada um consegue sozinho) e aprendizagem com alguém mais experiente, o que permite aprofundar os entendimentos individuais ou em grupo com tutoria qualificada (BACICH e MORAN, 2018).

4. Educação a distância

A Educação a Distância (EaD) pode ser definida como o aprendizado planejado que se dá normalmente em um lugar diferente do local do ensino, demandando técnicas especiais de criação do curso e de instrução, comunicação por meio de diversas tecnologias e disposições organizacionais e administrativas especiais (MOORE e KEARSLEY, 2008).

De maneira geral, podemos dizer que a EaD apresenta algumas características específicas: o processo de ensinar e aprender pode se dar sem que os professores e os alunos precisem estar no mesmo local e ao mesmo tempo; são utilizadas diferentes tecnologias; e há necessidade do uso de um ambiente virtual de aprendizagem.

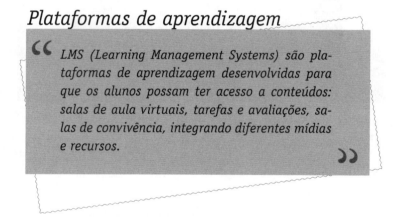

Plataformas de aprendizagem

" LMS (Learning Management Systems) são plataformas de aprendizagem desenvolvidas para que os alunos possam ter acesso a conteúdos: salas de aula virtuais, tarefas e avaliações, salas de convivência, integrando diferentes mídias e recursos. "

Durante seu percurso na EaD, os alunos são os principais responsáveis pela própria construção do conhecimento. Entretanto, basicamente, a ação docente o acompanha durante os estudos nos materiais didáticos, organizados em múltiplas mídias na plataforma educacional, para atender aos diferentes tipos de aprendizagens de diferentes alunos. A EaD possui ainda disponível aos estudantes: bibliotecas virtuais e/ou presenciais, repositório de materiais, polo presencial, ambiente profissional que pode estar ligado ao polo, redes sociais e avaliações contínuas.

A Pesquisa do Censo EAD.br, da Associação Brasileira de Ensino a Distância (2017), indica o tempo de atuação das instituições ofertando cursos presenciais e a distância, e fica evidente que a EaD no Brasil teve origem em instituições que já ofereciam cursos presenciais, sendo que a maioria dos cursos a distância foram criados entre seis e dez anos atrás.

Quando tratamos de EaD, precisamos desmistificar que essa modalidade apresenta menor qualidade que a modalidade presencial.

Há cursos excelentes, medíocres e ruins nas duas modalidades (presencial e a distância). Segundo Mill (2018), é essencial considerar a educação como **educação**, **sem adjetivos**, pois o que importa, de fato, é que a aprendizagem se dê de modo efetivo e adequado. Contanto que a aprendizagem ocorra, tempos e espaços que caracterizam os contemporâneos adjetivos da educação (presencial ou a distância) devem ser compreendidos como diversidade e riqueza de atendimento a públicos distintos.

Historicamente, a EaD foi vista de forma preconceituosa, não sendo considerada como possibilidade de formação de qualidade. Entretanto, nos últimos anos, felizmente esse cenário vem se modificando, devido a alguns fatores:

Figura 6.6: Cenário atual da educação a distância.

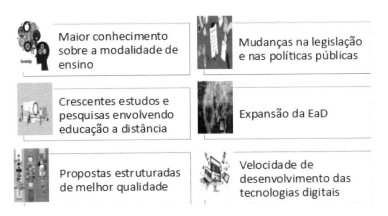

Em grande parte das instituições de ensino superior, era muito comum ouvirmos dizer que a modalidade a distância "rouba" os alunos da modalidade presencial, principalmente por seu menor valor de mensalidades. Essa afirmação era reflexo do desconhecimento sobre a EaD, pois os públicos que procuram EaD ou presencial sempre foram historicamente bem diferentes. Entretanto, deve-se considerar que, aproximadamente de dois anos para cá, as pesquisas têm indicado que a procura dos mais jovens (recém-saídos do ensino médio) pela modalidade a distância vem aumentando.

A educação a distância evoluiu muito também rumo a propostas mais personalizadas de atendimento pedagógico e à preocupação com o processo de aprendizagem dos alunos. Desse modo, pode-se afirmar que o desenvolvimento das tecnologias digitais trouxe novas perspectivas pedagógicas e de formação pela modalidade EaD.

A definição mais ampla de cursos semipresenciais e o aumento de polos no país, decorrente inclusive da flexibilização da legislação, refletiu no número de matrículas na modalidade a distância, totalizando 7.773.828 matrículas em 2017 (ABED, 2017).

Segundo o Censo EAD.br, até 2016, considerava-se o conceito de cursos semipresenciais como sendo os cursos presenciais que podiam ofertar até 20% a distância, conforme determinado na legislação vigente (Decreto nº 5.622 de 19 de dezembro de 2005, revogado em 2017). Os resultados do Censo EAD.br (ABED, 2017) apontam que as instituições já não consideram os cursos semipresenciais de acordo com essa definição legal:

- -28,15% das instituições compreendem cursos semipresenciais como sendo os cursos regulamentados, originalmente presenciais, com até 20% da carga oficial ministrada a distância.

- -17,3% das instituições entendem que cursos semipresenciais são cursos regulamentados, originariamente a distância, com alguma carga horária presencial obrigatória.

- -7,33% das instituições consideram que os cursos semipresenciais são os cursos regulamentados presenciais que incorporam tecnologias a suas práticas docentes, sem alteração oficial da carga horária (cursos presenciais que incorporam aprendizagem híbrida).

Com a flexibilização da oferta de EaD no país, em 2017, observaram-se 14 novas instituições oferecendo cursos na modalidade a distância (ABED, 2017). Houve também um incremento das instituições que oferecem diferentes modalidades (presencial, EaD e Híbrido), indicando que a tendência atual parece ser a diversificação de modalidades.

Várias instituições de ensino já oferecem o ensino híbrido (*blended learning*) e, nesse modelo, a integração das modalidades presencial e a distância se tornam cada vez maiores, com convergência de currículos, uso de metodologias ativas, plataformas educacionais e equipes diversificadas (docentes e tutores).

Alguns modelos de cursos são oferecidos no mercado educacional brasileiro. São eles:

Figura 6.7: Modelos de cursos no mercado.

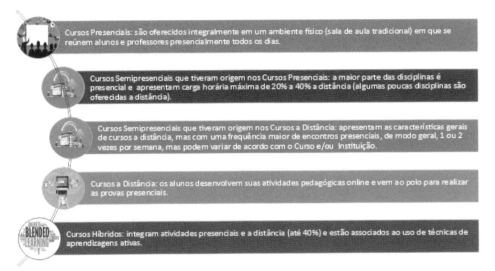

Horn e Staker (2015) definem ensino híbrido como sendo um programa de educação formal no qual um estudante aprende parte de forma presencial e parte de forma online, tendo algum controle sobre tempo, lugar, ritmo e, pelo menos em parte, em um local físico supervisionado, longe de casa. Esses autores definem quatro modelos de ensino híbrido: rotação, *à la carte*, flex e virtual enriquecido.

Mas como são cada um desses modelos? Apresentamos, logo a seguir, um resumo das principais características de cada modelo na Figura 6.8.

Importante destacar que, do ponto de vista legal, no Brasil, aqueles cursos que apresentam mais de 40% de sua carga horária online são considerados cursos a distância. Entretanto, do ponto de vista do aluno e pedagógico, esses cursos podem ser considerados híbridos. Mattar (2017) menciona a tendência dos novos formatos dos polos presenciais: os superpolos ou megapolos, que apresentam bibliotecas, salas de estudo, laboratórios, assemelhando-se a uma faculdade, e que tendem a desestruturar ainda mais as fronteiras entre cursos presenciais e a distância.

Apesar de todas essas variações, o ensino híbrido não pode ser considerado exatamente como uma metodologia ativa, mas, sim, como mais uma modalidade de ensino. Entretanto, podemos dizer que essa modalidade está diretamente associada ao uso das metodologias ativas (MATTAR, 2017).

Figura 6.8: Modelos híbridos.

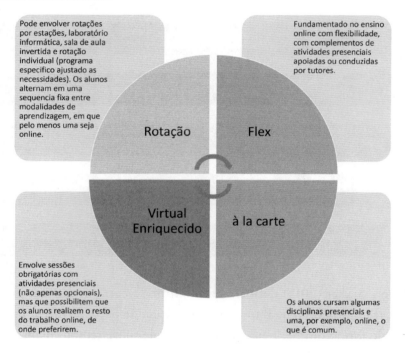

Fonte: Adaptado de Mattar (2017).

5. O uso das metodologias ativas na educação a distância

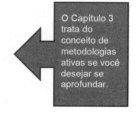

As metodologias ativas valorizam o protagonismo do aluno e seu envolvimento direto, participativo e reflexivo em todas as etapas do processo de aprendizagem. Podemos dizer que a mistura de metodologias ativas com tecnologias digitais é estratégica para a inovação pedagógica em ambientes de ensino formais e informais. As tecnologias digitais diluem, ampliam e redefinem a troca entre os espaços formais e informais por meio de redes sociais e ambientes de compartilhamento e coautoria (MORAN, 2018).

Figura 6.9: Inovação pedagógica.

Quando pensamos no uso das metodologias ativas para a educação a distância, precisamos, em primeiro lugar, desconstruir as estruturas do ensino tradicional e entender as mudanças de paradigmas, trazidas com a associação das tecnologias educacionais às tecnologias digitais de informação e comunicação.

Para o uso das metodologias ativas na educação a distância, entendemos que devem ser consideradas duas grandes questões:

1. **A primeira questão refere-se à formação do professor para as novas habilidades e competências exigidas.**

    Para atuar como mediador no processo de ensino e aprendizagem do aluno, ou como um mediador e motivador na relação dos alunos com os conteúdos e os materiais didáticos, o professor e o tutor precisam possuir novas habilidades e competências.

    Esse papel vem se tornando mais amplo e complexo, pois essas habilidades e competências englobam, além do conhecimento pedagógico ou do conhecimento técnico específico, o desenho de planos ou roteiros de aulas individuais e/ou coletivas, a elaboração de conteúdos e objetos educacionais, a partir de conhecimentos prévios de tecnologias digitais de informação e comunicação, e de metodologias ativas.

Na educação a distância, os tutores virtuais ou educadores virtuais auxiliam os alunos a distância no processo de construção do conhecimento, e realizam suas atividades docentes por meio de tecnologias de comunicação a distância, tais como: ambiente virtual de aprendizagem, videoconferência, webconferência, telefone, redes sociais, entre outros (MILL, 2012).

Um professor da modalidade presencial planeja sua disciplina, prepara seus conteúdos, realiza a disciplina e organiza as informações acadêmicas desses alunos de outra forma. Os profissionais que trabalham presencialmente estão acostumados a verificar "*in loco*" a reação dos alunos através de seus movimentos corporais, o que ajuda a indicar o caminho a seguir e, além disso, obtém-se um *feedback* imediato dos alunos.

Uma grande parte dos professores aprendeu a atuar na modalidade presencial e não na modalidade a distância, ou seja, sem o uso das ferramentas digitais e sem a prática de planejar as atividades pedagógicas considerando ambientes virtuais de aprendizagem.

Quando passamos a pensar no modelo a distância não conseguimos perceber as reações dos alunos e temos de conhecer, pensar e criar outras estratégias para verificarmos se as expectativas de aprendizagem foram atendidas.

Exatamente por esse motivo não adianta o professor pegar um plano ou roteiro de aula preparado para a modalidade presencial e utilizá-lo a distância, gravando, por exemplo, apenas uma videoaula, ou fazendo um repositório de materiais, com o conteúdo preparado para o presencial. É necessário planejar os conteúdos e objetos educacionais que serão utilizados em cada disciplina ou projeto específico para trabalhar na modalidade a distância.

Também se deve considerar que se os professores querem e precisam "falar" com os jovens "plugados" que frequentam a escola e se estão realmente envolvidos com o processo de aprendizagem desses alunos, precisam reinventar a forma de ensinar e fazer com que eles saiam da passividade. Precisamos fazer o aluno abandonar sua posição apenas receptiva. Como já foi dito, as metodologias ativas têm como proposta tornar o aluno ativo e reflexivo, participando do processo de aprendizagem de outra maneira. Para isso, precisamos conhecer, planejar e adaptar ao contexto do aluno e da escola, e ousar usar as técnicas de forma criativa. Entendemos que existem três grandes temáticas a serem tratadas na formação dos docentes para atuação na EaD: a primeira trata das ferramentas e do uso das tecnologias digitais, a segunda do uso de metodologias ativas, e a terceira temática diz respeito à elaboração de conteúdos e objetos educacionais para a educação a distância.

Figura 6.10: Formação mínima de professores para atuarem na EAD.

2. **A segunda questão está relacionada à elaboração dos conteúdos e dos objetos educacionais na EaD.**

    Há uma intrínseca integração entre o que queremos que os alunos aprendam e o planejamento dos objetos educacionais e das estratégias utilizadas na EaD, visando aos resultados que queremos alcançar.

    No caso da modalidade a distância, muitas instituições, de todos os portes, têm estruturado fábricas de conteúdos e/ou setores de objetos de aprendizagem (TAJRA, SOUZA e MONTEIRO, 2018) para a elaboração de seus conteúdos, fugindo da massificação e da compra de conteúdos prontos disponíveis no mercado educacional.

O que são objetos educacionais?

" *O conceito de objetos educacionais, ou objetos de aprendizagem, surge da necessidade de materiais educativos que integrem tanto os objetivos pedagógicos, quanto os enfoques advindos das tecnologias digitais de informação e comunicação.* "

A autora Filato (2015), referência nessa área, propõe trabalharmos cada produção de conteúdo como um projeto específico. A autora ressalta que não importa nosso papel na produção de conteúdo, nem faz diferença o porte da instituição que atuamos e, ainda que estejamos trabalhando sozinhos, cedo ou tarde vamos nos deparar com decisões ligadas ao planejamento e execução de um projeto. No Quadro 6.1, apresenta-se um resumo com orientações para o desenvolvimento de conteúdo educacional.

Quadro 6.1: Desenvolvimento de conteúdo educacional.

Desenvolvimento de conteúdo educacional			
Relatório de análise contextual	Dados sobre o projeto	Título, responsável, data e versão	Sugere-se que o responsável seja um DI (Designer Instrucional)
	Identificação das necessidades de aprendizagem	Quais as demandas de aprendizagem? Por que esse conteúdo é necessário? No que se diferencia? Por que a produção deve ser realizada no formato sugerido?	Organização de currículo: conteúdos, objetivos educacionais, competências a serem desenvolvidas e solução educacional (livro, uso de metodologias ativas, vídeo, jogos, entre outros).
	Caracterização do público-alvo	Qual o conhecimento dos alunos a respeito do conteúdo? O que eles já sabem ou querem saber? Quem são os alunos?	Essa caracterização depende de relatórios anteriores, pesquisas de mercado e de perfil do aluno, documentos institucionais.

Desenvolvimento de Conteúdo Educacional			
Relatório de análise contextual	Levantamento das potencialidades e restrições institucionais	Quantos e quais profissionais estão disponíveis para produção de conteúdos? Quais as restrições técnicas e limitações orçamentárias? Quais os prazos críticos? Quais questões culturais e experiências institucionais influenciam as concepções de ensino e aprendizagem?	Esses são os fatores organizacionais que podem afetar a viabilidade da produção ou utilização de determinados formatos de conteúdos.
	Encaminhamento de solução	Que tipo de conteúdo é recomendado para atender as necessidades, para esse público-alvo, dentro das restrições levantadas?	Aqui está a parte principal e o resumo do relatório, pois descreve exatamente o que vai ser realizado, inclusive se haverá o uso ou não de metodologias ativas.

Fonte: Adaptado de Filatro (2015).

O que entendemos por necessidade de aprendizagem?

> ❝
> Uma competência que se deseja adquirir, a prospecção de algo que será necessário no futuro, uma carência em relação a determinado padrão, um benefício possuído por outros e ausente em um grupo ou indivíduo, uma demanda massiva por algum interesse ou expectativa (FILATRO, 2015). ❞

Para a produção desses conteúdos educacionais com qualidade, precisamos seguir os passos propostos por Filatro (2015), possuir uma equipe multidisciplinar formada por especialistas em educação, em conteúdo, em tecnologia, em comunicação e em gestão de projetos, organizada em um "setor" próprio. A decisão do uso de metodologias ativas não pode estar destacada do planejamento dos objetos educacionais para os cursos a distância, uma vez que fazem parte das estratégias selecionadas para a aprendizagem ativa dos alunos e precisam, necessariamente, estar previstas no planejamento das disciplinas e, inclusive, nos projetos pedagógicos dos cursos. As técnicas de aprendizagens ativas utilizadas também devem ser monitoradas e avaliadas constantemente para verificar se estão atingindo os resultados esperados.

6. Técnicas de aprendizagens ativas e a EaD

Só inverter a sala de aula, trabalhar com a resolução de um problema ou usar um caso pontual não garantem que o aluno abandone a postura de receptor da informação e são práticas já presentes no ensino tradicional. As técnicas para aprendizagens ativas podem ser usadas na EaD, desde que planejadas adequadamente quando estivermos pensando

> Veja também nesse livro o aprofundamento de algumas dessas técnicas no Capítulo 3!

nos objetos educacionais, com foco na aprendizagem ativa do aluno, como já descrito. Algumas estão relatadas, resumidamente, no Quadro 6.2

Quadro 6.2: Síntese dos tipos de metodologias ativas e a EaD.

Técnicas para aprendizagens ativas	Características e pressupostos	Preparação de materiais	Observações
Sala de aula invertida (*inverted classroom*)	Para que esteja ocorrendo aprendizagem invertida, devemos considerar: o ambiente flexível (quando e onde aprendem), a cultura da aprendizagem (aprofunda temas e cria novas oportunidades de aprendizagem) e o conteúdo intencional (professores planejam como usar).	Para implantação da sala de aula invertida, é necessário elaborar material online (em geral, vídeos) e planejar as atividades que serão feitas presencialmente.	Aparece na literatura como uma modalidade de ensino, ou como uma metodologia de ensino, ou ainda associada ao ensino híbrido. Usada nas Ciências Humanas. Como temos de planejar e elaborar diferentes atividades, podemos considerá-la legitimamente como uma metodologia ativa de ensino e aprendizagem.

Instrução por pares (*peer instruction*)	O fluxo da instrução por pares envolve 3 etapas: **Pré-aula**: Leituras e vídeos online antes da sala de aula. Questões online antes da aula. **Aula**: Explicação breve do docente sobre o tema. Teste conceitual. Respostas individuais ao teste conceitual. Instrução por pares. Respostas individuais ao teste conceitual. Fechamento do professor. **Pós-aula**: Questões online depois da aula.	Professor precisa elaborar material de avaliação, incluindo testes de leitura, testes conceituais, questões a serem respondidas depois das aulas e questões para as provas.	Pode ser considerada um tipo de sala de aula invertida. Usada em disciplinas que envolvem cálculos e álgebra.
Método do caso	Um caso-problema reproduz o contexto de uma situação-problema, colocando o aluno em papel de decisão. O caso não apresenta informação sobre o que aconteceu com a empresa ou protagonista e requer discussão em sala de aula.	Preparar um caso para ser resolvido em um prazo mais longo, envolvendo várias aulas, inclusive para discussão.	Método de caso é metodologia de ensino e estudo de caso é metodologia de pesquisa. Utilizado na área de gestão.
Aprendizagem baseada em problemas e problematização	Ocorrem em grupos pequenos com tutores, há facilitação por parte dos professores, uso de casos baseados em pacientes. Problematização: os problemas são identificados pelos alunos, extraídos da observação da realidade.	Preparar um grupo tutorial e facilitador diferente para cada uma das cinco áreas de fundamentação médica.	A aprendizagem baseada em problemas é diferente da problematização proposta por Paulo Freire. Utilizada na área da saúde. O problema é usado para ajudar os alunos a identificarem suas próprias necessidades de aprendizagem.

(Continua)

(Continuação)

	Os alunos adquirem conhecimentos e habilidades trabalhando por um longo período de tempo para investigar e responder um problema ou desafio.	Deve ser programado um problema ou desafio que permita que o resultado final seja um produto.	As diferenças em relação às tarefas tradicionais incluem: âncora (informações básicas), investigação e inovação, trabalho cooperativo, *feedback* e revisão. A pesquisa se caracteriza por produção de trabalhos e provoca deslocamento cognitivo no aluno, podendo ser considerada como metodologia ativa.
Aprendizagem Baseada em Projetos (ABP) e pesquisa			
Design thinking	Metodologia para propor soluções criativas e inovadoras para problemas que utilizam a forma de pensar. O *design thinking* nos impulsiona a abandonar o óbvio.	Cria-se um protótipo e um projeto que são analisados em grupo.	Tem origem na área de negócios e design.

Fonte: Adaptado de Filatro (2015).

Apesar de toda a evolução da modalidade a distância no país, vale destacar que em uma pesquisa realizada pela ABED (2017) com as instituições de ensino sobre a qualidade da educação a distância, percebe-se o foco ainda bastante conteudista da EaD brasileira. As instituições tendem a perceber os critérios de qualidade na EaD mais como absolutos e inerentes aos cursos oferecidos, e menos como relativos e dependentes do atendimento das expectativas dos alunos. Do ponto de vista dos respondentes, a qualidade está mais associada a cursos corretos e profissionais qualificados e eficazes do que a metodologia e gestão inovadoras, conteúdos diversificados e atraentes, tutores persistentes ou tecnologia e infraestrutura adequada para o funcionamento. No quesito tecnologia, aponta-se que consideram mais importante a confiabilidade do que a inovação.

Os resultados denotam que as instituições que trabalham com EaD no Brasil precisam inovar e considerar objetivamente, entre os principais critérios de qualidade para essa modalidade de ensino, as expectativas dos alunos, considerando-os como principais protagonistas do processo de aprendizagem.

A mistura de metodologias ativas e tecnologias digitais em educação, presencial e a distância, tende a ser um diferencial nas escolas, organizações e instituições de ensino, e fará com que os alunos passem a refletir sobre seu próprio e único caminho de aprendizagem (MATTAR, 2017).

Recapitulando

O ensino tradicional está sendo pressionado e as instituições de ensino e os professores necessitam se reinventar para acolher os jovens da Geração Z, que permanecem "plugados" todo o tempo e se posicionam como receptivos no processo de aprendizagem. O ensino híbrido está sendo oferecido no mercado e o uso de metodologias ativas se tornaram um modismo. Para que haja realmente ganhos significativos na aprendizagem de nossos alunos, precisamos cuidadosamente planejar e construir os conteúdos e objetos educacionais da educação a distância com qualidade, utilizando diferentes ferramentas e tecnologias digitais, flexibilizando tempo e espaço, e incorporando técnicas de aprendizagens ativas que levem o aluno a participar do processo de aprendizagem através de novos e diferentes caminhos e perspectivas.

Para refletir

Faça uma reflexão crítica acerca das diferentes modalidades de ensino presentes na legislação brasileira: presencial e a distância.

Quais os novos desafios da educação?

> *Quais os desafios da educação a distância quanto ao uso das metodologias ativas?*

Referências

ALVES, L.; COUTINHO, I. J. *Jogos digitais e aprendizagem:* fundamentos para uma pratica baseada em evidências. Campinas: Papirus, 2016.

AMARAL, V. L. *Psicologia da educação.* Natal, RN: EDUFRN, 2007. 208p.

AUSUBEL, David. P. *Aquisição e retenção de conhecimentos:* uma perspectiva cognitiva. Lisboa: Plátano, 2003.

BENDER, W. N. *Aprendizagem baseada em projetos:* educação diferenciada para o século XXI. Porto Alegre: Penso, 2014.

BERGMANN, J. *Sala de aula invertida:* uma metodologia ativa de aprendizagem. 1. ed. Rio de Janeiro: LTC, 2017.

CASTELLS, M. *A galáxia da internet:* reflexões sobre a internet, os negócios e a sociedade. Rio de Janeiro: Jorge Zahar. 2003.

CENSO EAD.BR. Relatório analítico de aprendizagem a distância no Brasil 2017. ABED – Associação Brasileira de Ensino a Distância. Curitiba: Intersaberes, 2018.

FILATRO, A. *Produção de conteúdos educacionais.* São Paulo: Saraiva, 2015.

HORN, M. B.; STAKER, H. *Blended:* usando a inovação disruptiva para aprimorar a educação. Trad. Maria Cristina Gularte Monteiro. Porto Alegre: Penso, 2015.

LEAL, E. A.; MIRANDA, G. J.; CASA NOVA, S. P. C. (orgs.). *Revolucionando a sala de aula:* como envolver o estudante aplicando as técnicas de metodologias ativas de aprendizagem. 1. ed. São Paulo: Atlas, 2017.

LÉVY, P. *As tecnologias da inteligência:* o futuro do pensamento na era da informática. Rio de Janeiro: Ed. 34. 1993.

LÉVY, P. *Cibercultura.* São Paulo: Ed. 34. 1999.

KENSKI, V. M. *Tecnologias e ensino presencial e a distância.* Campinas: Papirus. 2003.

MATTAR, J. *Metodologias ativas para a educação presencial, blended e a distância.* São Paulo: Artesanato Educacional, 2017.

MILL, D. *Docência Virtual:* uma visão crítica. Campinas: Papirus, 2012.

MORAN, J. Metodologias ativas para uma aprendizagem mais profunda. In: BA-CICH, L.; MORAN, J. (orgs.) *Metodologias ativas para uma educação inovadora:* uma abordagem teórico-prática. Porto Alegre: Penso, 2018.

MOORE, M.G.; KEARSLEY, G. *Educação a Distância:* uma visão integrada. São Paulo: Cengage Learning. 2008.

REVISTA VOCÊ RH. Editora Abril. 59. ed. dez. 2018/jan. 2019.

TAJRA, S. F.; SOUZA, M. A.; MONTEIRO, P. O. Integração dos objetos de aprendizagem: uma personalização de metodologias em EaD no Ensino Superior. In: BUSSOLOTTI, J. M.; MONTEIRO, P. O. (orgs.). *Tecnologias da Informação e Comunicação e Metodologias Ativas.* São Paulo: Ed. UNITAU, 2018.

WEISZ, Telma. *O Diálogo entre o ensino e a aprendizagem.* São Paulo: Ática, 2002.

— Sanmya Tajra

CAPÍTULO 7

DESIGN THINKING NA EDUCAÇÃO

Introdução

O objetivo deste capítulo é apresentar a abordagem do *Design Thinking* (DT) como uma das possibilidades de trabalhar as metodologias ativas na educação, visando estimular uma postura no educando voltada para a inovação, sendo ele o protagonista do processo de aprendizagem, enquanto o professor assume uma postura de mediação, que é o propósito de quaisquer das estratégias das metodologias ativas. Espera-se que o DT seja uma das opções que pode favorecer uma ressignificação da educação, tendo como referência as fases estruturadas do processo criativo proposto por essa abordagem, de forma que possibilite a geração de riquezas e conhecimento inovadores de acordo com as exigências da sociedade contemporânea, caracterizada pelas redes digitais e tecnologias inerentes da Revolução 4.0.

1. O design thinking e o pensamento complexo

Conforme visto no Capítulo 1, as mudanças das necessidades do mundo decorrentes das revoluções industriais e tendo, como ponto de desenvolvimento, os avanços tecnológicos, as atividades econômicas deixaram de ser oriundas da produção industrial baseada em bens físicos e se voltaram para a prestação de serviços, ou seja, para bens intangíveis provenientes do conhecimento. Tal mudança demanda do humano uma nova organização do *mindset*, exigindo uma forma de pensar diferente, possuindo como parâmetro a inovação, que passa a ser uma estratégia de sobrevivência para as organizações e indivíduos.

A inovação, como vantagem competitiva de sobrevivência, deve ser observada não apenas no âmbito empresarial, mas também no do próprio indivíduo, pois o questionamento é o mesmo: como podemos nos diferenciar no mercado e como podemos mudar nossa forma de viver para atingir uma melhora na qualidade de vida? Enquanto organização empresarial, Kim e Mauborgne demonstram no livro *A Estratégia do Oceano Azul* que as empresas sobreviverão em função do lançamento de novos produtos e serviços, sendo que esses podem, inicialmente, representar pouca participação financeira nos negócios; entretanto, serão esses novos produtos e serviços que possibilitarão a sobrevivência a longo prazo dessas organizações, passando a ser a principal fonte de receitas e de diferenciação em relação aos concorrentes.

No âmbito pessoal, a análise do indivíduo é a mesma: se não partimos para buscar novos conhecimentos e nos atualizarmos, cada vez mais nos distanciaremos em relação às oportunidades e aos conhecimentos vigentes. Hamel e Prahalad, no livro *Competindo pelo Futuro*, já mencionava sobre a depreciação do conhecimento, mencionando que o saber passado não garante o saber futuro, sendo, por isso, necessário a todo momento "canibalizar" os produtos e conhecimentos adquiridos, buscando sempre a inovação. Isso não significa desprezar o aprendizado, mas considerar que a ele devem ser incorporados novos saberes.

Esse novo modo de pensar não está somente relacionado ao lançamento de novos produtos físicos, cada vez mais funcionais, sofisticados e diferenciados, mas também à oferta de novos e diferentes serviços, às novas formas de interações, aos novos modelos de gestão de processos e às diferentes formas de promover o entretenimento e viver. Isso significa que o foco maior não deve ser a técnica (ferramenta física) em si, porém centrar nas necessidades do ser humano. Uma das grandes questões que envolve o uso do *design thinking* é: o que precisamos para viver melhor? Como podemos melhorar nossa qualidade de vida?

Apesar de os estudiosos mencionarem a sistematização do processo criativo por meio do *design thinking*, isso não significa que essa sistematização ocorre de forma linear e sequencial, obedecendo um passo a passo. De acordo com o pensamento proposto por essa metodologia, o processo criativo ocorre de forma relacional, como se fossem conexões entre nós (pontos de interfaces), como demonstrado em mapas mentais (Figura 7.1).

Figura 7.1: Modelo mental do pensamento do *design thinking*.

Modelo de pensamento baseado na linearidade: sequências lógicas.

Modelo de pensamento baseado em conexões: mapa mental.

O pensamento sequencial linear é baseado no modelo mental cartesiano, racional e objetivo. Ele tem uma lógica a ser seguida de um ponto ao outro, como uma receita de bolo, enquanto no modelo relacional proposto pelo *design thinking* não existe uma trilha a ser seguida, mas possíveis conexões que ocorrem de acordo com os levantamentos efetuados e os aspectos intuitivos que são percebidos ao longo do estudo do problema em questão e que, de preferência, rompam com o *mindset* do pensamento cartesiano. A proposta do *design thinking* é lidar com problemas complexos e propor soluções para problemas complexos constituídos por incertezas e riscos.

Morin (2016), que não é um estudioso de *design thinking*, mas um estudioso do pensamento complexo, propõe uma nova forma de pensar a solução de problemas complexos. Para esse autor, situações complexas não podem ser resolvidas de forma simples, conforme proposto pelo pensamento cartesiano. Para Morin (2016), é impossível constituir uma visão do homem e do mundo a partir dos saberes fragmentados, não existindo uma solução linear para os problemas complexos, incertos, aleatórios e indeterminados. Esses devem ser analisados e propostas soluções por meio do entendimento da complexidade que é constituída pelo entendimento contraditório, mas complementar das variáveis que giram em torno de um problema, devendo ser evitado o pensamento excludente. Esse autor considera que o conhecimento é constituído de forma circular e espiral, cresce continuamente, sem limites, em um aperfeiçoamento e avanço permanentes. Esse pensamento não sugere que não exista uma ordem, mas que a desordem demanda uma ordem e a falta de ordem gera uma desordem. Em outras palavras, a ordem é necessária para organizar uma desordem; logo, uma desordem demanda uma ordem. A ordem não é constituída por uma linearidade no pensamento, mas pelo pensamento associativo.

Os autores Maturana e Varela (1995) também apontam o quanto é importante perceber que a racionalidade e a objetividade não são suficientes para o entendimento da natureza social e que a não compreensão de como aprendemos e como conhecemos pode ser um dificultador para entender a formação de uma sociedade e propor novas soluções para a melhoria da qualidade de vida do ser humano. Para eles, entender os problemas complexos de forma linear nos remete a soluções simplistas, como apontado por Morin (2016). Para esses autores, o aprendizado é decorrente das interações humanas recorrentes, favorecendo diferentes percepções e experiências, e o entendimento de um fenômeno é resultante das representações do mundo por parte do observador, sendo que esse modela um fenômeno de acordo com as representações que possui em relação ao mundo.

Edgar Morin, Humberto Matura e Francisco Varela consideram que a produção do conhecimento, assim como a solução de problemas complexos, ocorre de forma circular espiralada e crescente, por meio de interações recorrentes, começando a partir de um ponto, sem limitações de possibilidades criativas.

Tim Brown (2017) propõe que o ponto de partida e de referência para o pensamento do *design thinking* não deve ser visto como momentos sequenciais, mas sobrepostos, envolvendo momentos de **inspiração**, **idealização** e **implementação** — sendo que a **inspiração** refere-se ao problema ou oportunidade que motiva a busca por soluções, a **idealização** é o processo de criação, desenvolvimento e teste das ideias, e a **implementação**, o caminho que vai do ambiente da criação para o mercado (Figura 7.3).

Figura 7.2: Movimentos circulares nos sistemas complexos baseados na teoria da complexidade de Edgar Morin (2016).

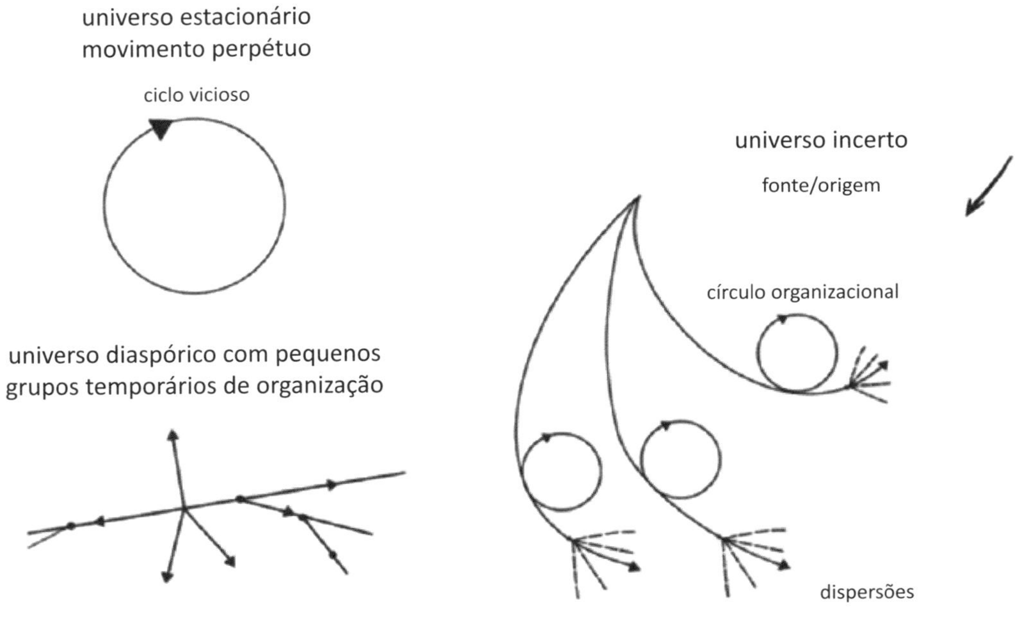

Fonte: Morin, 2016, p. 91.

Figura 7.3: Pontos de partida e referência do *design thinking*, segundo Tim Brown.

Cavalcanti e Filatro (2016) apontam que o *design thinking* é para alguns autores uma abordagem, para outros uma metodologia, enquanto para outros é apenas um agrupamento de técnicas claramente definidas para atingir um determinado objetivo. Entretanto o modelo mental dos designers é que constitui o grande inspirador dessa abordagem, metodologia ou conjunto de técnicas, como quiserem definir, pois, segundo Bull e Tovey (*apud* FILATRO e CAVALCANTI, 2016), eles possuem um modo de diferente de pensar em relação a outros especialistas, constituindo o pensamento do design.

O pensamento de design tem semelhança à proposição da complexidade proposta por Edgar Morin no tocante a interdependência entre as relações e conceitos complementares, entendidos muitas vezes como contraditórios. Por exemplo, as autoras Cavalcanti e Filatro (2017) entendem que o pensamento de design é um método que integra de forma holística diferentes tipos de pensamento. Para Brown (2017), o pensamento do *design thinking* contempla simultaneamente a divergência, a convergência, o analítico, o sintético, o dedutivo, o indutivo, o abdutivo, o materializado, o experimental, o individual e o colaborativo, conforme demonstrado no Quadro 7.1.

O pensamento do *design thinking* pode contribuir para que a educação tenha uma perspectiva voltada para a criatividade, inovação e postura empreendedora, pois sua concepção é baseada nessas perspectivas. Logo, o uso dessa abordagem pode favorecer que os educandos sejam mais facilmente inclusos na sociedade digital que compõe a Revolução 4.0, bem como em outros segmentos, mesmo que não esteja relacionado às tecnologias digitais, mas que busque identificar soluções criativas para problemas antigos.

Quadro 7.1: Características do pensamento de design.

Pensamento divergente e convergente	O pensamento **divergente** é o criativo, que cria novas possibilidades, multiplica as alternativas de escolhas e constitui cenários futuros, enquanto o pensamento **convergente** é o que filtra as possíveis escolhas. O pensamento do design alterna continuamente nos dois tipos de pensamentos: divergente e convergente.
Pensamento analítico e sintético	O pensamento **analítico** é o que decompõe e separa as partes de um todo. Ele fragmenta o problema complexo em estudo para facilitar o entendimento, enquanto o pensamento **sintético** promove a junção das partes para que o todo seja significativo. O pensamento do design atua no equilíbrio dos dois tipos de pensamentos, alternando entre si: analítico e sintético.
Pensamento dedutivo, indutivo e abdutivo	O pensamento **dedutivo** parte de um entendimento geral do problema para o específico, enquanto o pensamento **indutivo** parte do entendimento específico para as conclusões gerais. Esse tipo de pensamento não é aplicável para tarefas heurísticas, que não são definidas por regras pré-estabelecidas. Uma forma de pensar típica do design é baseada no pensamento **abdutivo**, que é baseado na formulação de hipóteses explicativas, tendo como referência a intuição de que algo pode ser. Considerando que o *design thinking* trabalha com problemas complexos e mal estruturados, o pensamento abdutivo, também conhecido como criativo ou produtivo, é considerado um pensamento mais adequado para favorecer a criatividade e a inovação para a solução dos problemas.

(continua)

(Continuação)

Pensamento materializado e experimental	O pensamento **materializado** toma como referência que é melhor mostrar que contar, que usar recursos visuais facilita o entendimento e a comunicação de ideias. O pensamento **experimental** é o que possibilita a criação de protótipos, transformando as ideias em produtos/serviços tangíveis. O pensamento do *design thinking* considera que o uso dos sentidos é uma das formas mais adequadas para experimentar a tangibilidade das soluções criativas, facilitando a percepção das inovações propostas.
Pensamento individual e colaborativo	O pensamento **individual** é complementado ou até mesmo substituído pelo pensamento **colaborativo**, ou seja, resultante de cocriações utilizando as diferentes competências das equipes inteligentes.

O *design thinking* propõe uma forma dinâmica para estruturar e constituir soluções contando com pensamentos diferentes, mas complementares, que valorizam o indivíduo, porém prevalecendo o valor das equipes, que valoriza a investigação e o estudo das variáveis, mas que concretiza as análises a partir das experimentações dos protótipos como uma forma de validação das soluções, visto que é por meio da materialização que é possível sentir e ver o que pode ser proposto.

2. O profissional design thinker

O modelo mental do *design thinking* foi inspirado nos designers. Segundo Cavalcanti e Filatro (2016), os principais profissionais de design são:

- **Designer industrial:** o primeiro campo de atuação foi na indústria e tinha como objetivo a criação de bens de consumo produzidos em massa a partir de uma perspectiva externa do ser humano.

- **Designer gráfico:** profissional que cria símbolos visuais e comunica informações por meio de palavras e imagens. Dele derivaram as profissões de web designer, designer digital, designer de jogos etc.

- **Designer instrucional:** profissional que atua em soluções educacionais, tendo como principal objetivo a aprendizagem por meio do uso das interfaces da educação, tecnologia e gestão.

Entretanto, para trabalhar com o pensamento do *design thinking* não é necessário que o profissional seja formado em algumas dessas áreas de design. Qualquer profissional pode estar apto para trabalhar ou se desenvolver em relação a essa abordagem para se tornar um design thinker, desde que tenha como características:

- Flexibilidade para identificar soluções para os problemas complexos sob o prisma de diferentes percepções.

- Tenha capacidade e habilidade para trabalhar em equipes colaborativas.

- Esteja aberto para errar, testar, experimentar e colocar em prática o espírito de criação.

- Tenha interesse em buscar soluções com empatia.

- Visão de futuro.

- Saiba lidar com os pensamentos divergentes, convergentes, de síntese, analítico, dedutivo, indutivo, abdutivo, materializado, experimental e colaborativo.

Para Brown (2017), o perfil técnico do profissional que se habilita a atuar como design thinker deve ser o de uma pessoa com profundidade técnica e, ao mesmo tempo, possuidora de uma amplitude de competência interdisciplinar. Por exemplo: uma psicóloga que estuda finanças, um economista que estuda arquitetura, um planejador urbano que entenda de saúde. Brown (2017) denomina esse profissional de "T" (Figura 7.4).

Figura 7.4: Profissional "T".

As características desse profissional "T" também devem ser as mesmas a ser identificadas nos profissionais da área de educação, pois necessitarão desses componentes para desenvolver os projetos e solucionar os problemas complexos com os quais irão trabalhar. O perfil do design thinker se difere do profissional que se posiciona apenas pelo elevado grau de especialização, que, apesar de ser um grande conhecedor de um assunto, não sabe promover a interface com outras áreas do conhecimento.

A flexibilidade do pensamento para atuar com *design thinking* exige um perfil bem diferente do profissional conservador, que considera as verdades como absolutas. Esse é um dos principais paradigmas necessários a ser rompido para quem deseja atuar com essa abordagem que estimula a criatividade e a inovação.

Brown (2017) também sugere que, além dos momentos iterativos naturais de um processo do *design thinking*, o profissional que trabalha com essa abordagem necessita saber lidar com limitações e que essas favoreçam o processo criativo, constituindo as seguintes restrições:

- **Praticabilidade**: se o que é proposto é efetivamente possível para um futuro próximo, seja em relação a técnica, funcionalidade e perfil do contexto do problema.

- **Viabilidade**: se o que é proposto é sustentável, se dará retorno financeiro ou se existirão recursos para subsidiar a realização da solução.

- **Desejabilidade**: se o que é proposto é desejável para as pessoas envolvidas na questão.

A iteração consiste na repetição de um processo até chegar a uma solução, sendo que, a cada momento de repetição, chega-se a um resultado que será utilizado na vez seguinte. Considerando essas restrições, as iterações se adequarão conforme as praticabilidades, as diferentes possibilidades de viabilidade e de desejabilidade. As restrições estimulam a pensar em alternativas que, provavelmente, serão cada vez mais criativas a cada reanálise realizada.

3. Características do projeto de design thinking: fazendo acontecer uma ideia

A concretização do *design thinking* dá-se por meio de um **projeto**, que constitui o mecanismo que facilita a tradução de uma ideia em uma ação. Os projetos de *design thinking* possuem como componentes característicos: equipes interdisciplinares, conhecimento das restrições, *briefing* flexível, espírito de colaboração, ênfase nas necessidades humanas, cultura de inovação e de otimismo, pensamento visual e a experimentação, chamada de prototipagem.

Figura 7.5: Componentes de um projeto de *design thinking*.

O desenvolvimento de um projeto de *design thinking* deve contar com uma **equipe interdisciplinar** composta por profissionais "T", sendo esses comprometidos e com energia positiva e **espírito de colaboração**, além de serem **conhecedores das três restrições** que limitam os projetos, conforme comentado anteriormente, que são: praticabilidade, viabilidade e desejabilidade.

Brown (2017) sugere que o projeto seja iniciado com uma equipe pequena para ter ganho de velocidade e de eficiência durante a definição conceitual do projeto, para, depois, ter uma expansão que envolva outros membros e outras equipes. Os trabalhos devem ser em equipe e entre equipes, de forma que essas possam interagir entre si para que aprendam e compartilhem as diferentes ideias em prol de soluções inovadoras — considerando que os pensamentos diferentes são complementares e, mesmo que prevaleça pensamentos divergentes, esses devem prosseguir na direção da convergência.

O projeto de *design thinking* deve estar estabelecido num *briefing* **flexível** e considerar um prazo para sua finalização, pois ele não é ilimitado. O projeto de DT deve ter um começo, meio e um fim, de acordo com o *briefing* pré-estabelecido com a participação dos diferentes *stakeholders*. A flexibilidade necessária para o desenvolvimento desse tipo de projeto deve ser em relação ao roteiro que constitui o *briefing*, visto que se deve valorizar os estímulos intuitivos inerentes do *design thinking*, não cabendo uma rigidez linear do pensamento. Portanto, por mais que tenha sido elaborado um roteiro prévio, esse deve ser entendido como um caminho a ser seguido, e não um padrão rígido a ser obedecido, sem possíveis adaptações e mudanças.

A ênfase do projeto de *design thinking* deve ser as **necessidades humanas**, podendo acontecer por meio da observação do que as pessoas não fazem e escutando o que elas não dizem, pois se concentrar apenas no que elas fazem e falam é bem provável que não se consiga ter ideias inovadoras. Também é possível ter novas ideias para atender às necessidades humanas por meio de convite de profissionais externos ou convidados que podem sugerir ideias não pensadas antes para o projeto. A proposta também deve ser **empática**, considerando a perspectiva do outro e a compreensão das emoções envolvidas.

Outra variável importante num projeto de *design thinking* é que a **cultura** do local do desenvolvimento do projeto deve ser favorável à **inovação**, ou seja, deve estimular a criatividade — isso significa, na prática, que "as pessoas podem fazer experimentos, assumir riscos e explorar todas as suas aptidões" (BROWN, 2017, p. 30). A liderança deve favorecer um ambiente seguro e de confiança para que a equipe se sinta com poder para criar ideias, a experimentar diferentes soluções.

O **pensamento visual** também é uma das características de um projeto de *design thinking*, isso significa a valorização do uso de desenhos, diagramas, fluxogramas ou outros recursos para que as ideias possam ser melhor percebidas por todos, sendo bastante comum o uso de cartolinas e *post-its*. As cartolinas porque permitem a mobilidade da informação, além de ficarem visíveis nas paredes do local onde o projeto está em desenvolvimento. Os *post-its* são utilizados porque permitem a mobilidade de cada informação contida neles, ou mesmo a facilidade de descartá-los, trocá-los, além de possibilitarem o agrupamento de informações pelas cores, facilitando a visualização do pensamento.

Uma das características dos projetos de *design thinking* é o estímulo à **experimentação**, que se dá por meio da **prototipagem**. A proposta é validar a ideia por meio de protótipos, tangibilizando-a, como uma forma de ver os resultados mais concreta e rapidamente. Os primeiros protótipos podem ser rudimentares e baratos, visto que a ideia é poder visualizá-los o quanto antes para que possam gerar *feedbacks* e aprendizados a partir do conhecimento dos pontos fortes e fracos. Quanto mais rápido um projeto de DT desenvolver um protótipo, mais rápido e barato será o produto/serviço final. É possível prototipar por meio de impressões em 3D ou não, de maquetes, filmagens, simulações ou outra modalidade, desde que possibilite à equipe ver em operação a proposta concreta.

Figura 7.6: Pensamento visual com uso de *post-its*.

4. Fases e estratégias para cada etapa do processo do design thinking

Segundo Bacich e Moran (2018), o processo de *design thinking* obedece cinco etapas: compreensão do problema (empatizar), interpretação dos levantamentos, definição de alternativas para solucionar o problema, elaboração de protótipos e, por fim, implementação da ideia (Figura 7.7):

Figura 7.7:

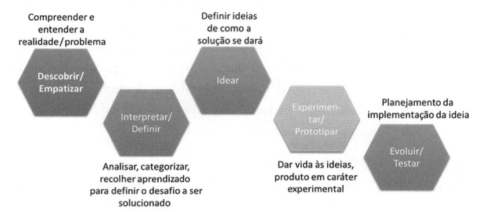

Fonte: Adaptada de Bacich e Moran, 2018, p. 161.

- **Compreensão do problema (empatizar):** consiste na fase em que a equipe busca se posicionar nos interesses dos *stakeholders* que serão beneficiados com a solução do problema. É neste momento que as informações são levantadas para conhecer o que, como, quando e o porquê a situação em estudo ocorre. **É importante que os membros da equipe que estuda o problema se ponham no lugar dos stakeholders para que possam sentir o problema.**

- **Interpretação dos levantamentos:** consiste na categorização das informações coletadas na fase anterior. É o momento em que é iniciada uma organização/estruturação do problema, visando ter uma maior clareza do que ocorre.

- **Definição de alternativas:** é o momento em que são criadas diferentes alternativas, estratégias e possibilidades para solucionar o problema.

- **Elaboração de protótipos:** é o momento em que são criadas possibilidades de materialização das soluções dos problemas. Em organizações caracterizadas em elevado grau de inovação, risco e incertezas — as startups —, os protótipos também são conhecidos como produtos mínimos viáveis, constituindo em protótipos do produto com algumas das funcionalidades essenciais para a testagem da solução dos problemas em estudo, porém sem estar "pronto".

> Os produtos mínimos viáveis são testados, antes de serem lançados no mercado, por clientes chamados "adotantes iniciais", que se caracterizam por pessoas conhecedoras do segmento do produto/serviço e que possuem elevado grau de criticidade para apontar as possíveis falhas do produto mínimo viável. Após os *feedbacks* gerados por eles, o produto/serviço é melhorado para o lançamento na fase seguinte. Nesta fase do *feedback*, a equipe deve estar preparada para ouvir e ficar atenta ao que os adotantes iniciais apontam, sem que ninguém se manifeste com justificativas e explicações. O posicionamento empático é o que prevalece.

- **Implementação da ideia**: é o momento em que a solução do problema é disponibilizada para todos os *stakeholders*; em outras palavras, é o momento em que o produto/serviço é lançado no mercado.

4.1. Estratégias para a realização das etapas do design thinking

Para Cavalcanti e Filatro (2016), as principais estratégias utilizadas para cada uma das etapas do *design thinking* podem ser vistas nos Quadros 7.2, 7.3, 7.4 e 7.5 a seguir, devendo ser adaptadas de acordo com a realidade de cada projeto em estudo. Essas autoras propõem o agrupamento do DT em quatro etapas: compreensão do problema, projeção da solução, prototipagem e implementação.

Figura 7.8: Etapas agrupadas do DT.

Fonte: Adaptação de Cavalcanti e Filatro (2016, p. 119).

O primeiro passo em um projeto de *design thinking* é compreender o problema a ser estudado. No Quadro 7.2 estão elencadas algumas estratégias, sendo que podem ocorrer de forma complementar e outras necessitarão de uma das estratégias como pré-requisito, conforme citado na descrição das estratégias. Não existe a melhor estratégia. De acordo com cada problema em estudo, caberá à equipe envolvida identificar quais as estratégias que mais se adequam ao contexto.

4.1.1. Estratégias para realizar a etapa da compreensão do problema

Quadro 7.2: Estratégias para realizar a etapa da compreensão do problema.

Estratégia	Orientações para realizar a compreensão do problema
Definição do desafio estratégico	Questione com as partes interessadas o que é sabido sobre o problema, qual é o perfil das partes interessadas, do que os *stakeholders* necessitam, quais recursos são necessários para o problema, se existem conflitos envolvidos, ou seja, o máximo possível de informações que podem contextualizar o problema. Formula-se por meio de uma pergunta e utilizando *flip-chart* ou cartolinas para registrar as respostas/informações, caso seja melhor, utilize um software de apresentação para fazer as anotações, de forma que todos os envolvidos possam visualizar as anotações.

Estratégia	Orientações para realizar a compreensão do problema
Síntese dos conhecimentos prévios	A partir da definição do desafio estratégico, sintetize e classifique as informações que foram apontadas.
Pesquisa em campo	Observe e pesquise sobre o problema, se possível entreviste no local onde o problema ocorre e, em seguida, compile as informações colhidas, sempre classificando-as.
Checklist para coleta de dados	A partir do entendimento do contexto e das informações coletadas sobre o problema, elabore um *checklist* para realizar as observações ou as entrevistas, entretanto deixando esse roteiro flexível para possíveis inserções de aspectos identificados.
Vivência *in loco*	Se possível, estabeleça um período para conviver com as partes interessadas no local onde ocorre o problema, para vivenciar pessoalmente a questão em estudo.
Entrevista empática	Converse com as pessoas envolvidas no problema, elabore perguntas que façam com que elas lembrem o histórico das ocorrências e como se sentiram diante do ocorrido.
Autodocumentação	A equipe do *design thinking* deve ter uma organização a fim de manter os documentos e os registros acessíveis para consultar a qualquer momento durante todo o trabalho.
Análise dos dados coletados	Reunião entre os membros da equipe do *design thinking* para apresentação, categorização, comparação e análise dos dados catalogados, podendo envolver os *stakeholders*, se for o caso.
Mapa da empatia	Forma de levantamento de informações que descreve o que alguém diz, faz, pensa e sente sobre um problema em estudo.

Fonte: Adaptação do quadro de Cavalcanti e Filatro (2016, p. 136).

A não compreensão do problema poderá prejudicar todas as demais fases do projeto. Portanto, quanto mais informações obtiver sobre o problema, melhor serão as fases seguintes.

4.1.2. Estratégias para realizar a etapa da projetação de soluções

A partir da etapa de compreensão do problema, a equipe do *design thinking* "deve estabelecer uma afirmação que expresse o problema que irá nortear o projeto a ser desenvolvido" (CAVALCANTI e FILATRO, 2016, p. 126). A escolha da solução deve ser norteada pelas restrições da desejabilidade, praticabilidade e viabilidade.

Quadro 7.3: Estratégias para realizar a etapa da projeção de soluções.

Estratégia	Orientações para realizar a projeção de soluções
Refinamento do problema	É o momento de validação do problema identificado por meio de questionamentos, tais como: qual é a importância, quem disse, o que há de novo, quem se importa, quem necessita do quê?
Perguntas do tipo "como podemos...?"	Elabore perguntas para estimular a criação de soluções a partir de "como podemos melhorar/resolver/solucionar/diminuir/ampliar...?", conforme a realidade do problema para o qual se buscam soluções.
Brainstorming	Promova um levantamento de informações a partir de uma discussão livre, sem pré-julgamentos iniciais, tendo como referência questionamentos que favoreçam a identificação de possíveis soluções que possam ser implementadas.
Escolha das melhores ideias	Selecione as melhores ideias apresentadas no *brainstorming* e organize-as de forma categorizadas, conforme o problema a ser solucionado.
Projeto participativo	Utilize o *brainstorming* para discutir soluções com especialistas, leigos e outras pessoas julgadas para discutir soluções.

Fonte: Adaptação do quadro de Cavalcanti e Filatro (2016, p. 136).

Além das estratégias sugeridas para a projeção de soluções, sugerem-se outras que são típicas para a identificação de soluções inovadoras, tais como:

- **Seis chapéus do pensamento:** é uma técnica que estimula as pessoas a pensarem sobre um problema sob diferentes formas, buscando as experiências, os pontos de vistas diferentes e a sensibilidade de cada pessoa. São 6 chapéus porque são 6 cores, sendo que cada cor representa uma posição. A cor branca representa o pensamento neutro, o vermelho tem uma percepção emocional, o amarelo tem uma visão otimista, o verde é criativo, o preto pensa negativamente sobre o problema e o azul remete ao controle e usa todas as demais cores (BONO, 2008).

- **Open innovation:** é uma técnica que considera que as possibilidades de levantamento de informações e estímulos podem ser identificadas fora da organização ou do contexto em que a busca de uma solução está centrada.

Na indústria, a busca de inovações também é inspirada na natureza. Essa técnica é conhecida como **biomimética**. Ela sugere que se observarmos as ações simples dos animais, plantas e da natureza em geral, tais como agarrar, girar, mover, articular, rastejar, encapsular, separar, aderir, flutuar, grudar, cortar, dentre outros, é possível identificar soluções inovadoras que podem ser incorporadas para diferentes situações.

Outra técnica utilizada no mundo organizacional para a busca de soluções criativas é o World Café. Ela é semelhante ao *brainstorming*, porém as pessoas ficam em mesas, geralmente com quatro participantes, discutem as possíveis soluções de um problema e, em seguida, trocam de mesa, sendo que um membro fica fixo em cada mesa. Ao rodarem todas as mesas e discutirem entre todos os membros, serão obtidas diferentes abordagens sobre o problema. No final, o facilitador do processo compila as informações com a participação de todos.

4.1.3. Estratégias para realizar a etapa de prototipagem

As estratégias apontadas na etapa de prototipagem visam materializar as possíveis soluções dos problemas por meio de protótipos visando validá-las e recolher o máximo possível de *feedbacks* para adequá-las antes de sua implementação.

Quadro 7.4: Estratégias para realizar a etapa de prototipagem.

Estratégia	Orientações para realizar a prototipagem
Prototipagem rápida	Elaboração de desenhos, peças teatrais, diagramas, esquemas e fluxogramas, para ter uma representação visual da solução apresentada do problema.
Prototipagem empática	Criação de protótipos rápidos com a participação de design thinkers e ou de diferentes *stakeholders*.
Prototipagem colaborativa	Criação de protótipos com especialistas e leigos representantes das partes interessadas.
Rodada com especialistas	Reunião com especialistas para avaliarem os protótipos das soluções projetadas.
Teste do protótipo	Encontro com os stakeholders para testagem dos protótipos das soluções projetadas.
Matriz de *feedback*	Organiza os *feedbacks* recebidos durante os protótipos numa matriz, contendo: o que funcionou, o que pode ser aperfeiçoado, os principais questionamentos e as novas ideias.

Fonte: Adaptação do quadro de Cavalcanti e Filatro (2016, p. 136).

A estratégia de criação de protótipos tem sido uma prática tão extensiva que vem sendo implementada em vários países por meio da criação de Fab Labs, que são laboratórios de fabricação que ofertam serviços de produção de protótipos por meio de impressoras 3D e outros equipamentos digitais para corte, moldagem, dentre outras funções, e tem por objetivo criar protótipos para estudos e lançamento de novos produtos para o mercado. A estratégia dos Fab Labs visa agilizar e baratear a possibilidade de produção dos protótipos, visto que um protótipo deve ser testado quantas vezes forem necessárias até chegar a uma solução que seja favorável e que atenda ao objetivo em estudo.

4.1.4. Estratégias para realizar a etapa de implementação

Essa é a fase final de um projeto de *design thinking*, que deve ser norteado por um plano de implementação prevendo o uso dos recursos materiais, humanos, físicos e financeiros.

Quadro 7.5: Estratégias para realizar a etapa de implementação

Estratégia	Orientações para realizar a implementação
Plano de implementação	Documento que descreve os principais aspectos para a implementação das soluções criadas.
Análise de viabilidade	É o estudo dos custos de implementação e manutenção do plano de implementação.
Plano de aprendizagem	Registro da aprendizagem dos design thinkers ao longo de todo o processo de implementação.

Fonte: Adaptação do quadro de Cavalcanti e Filatro (2016, p. 136).

Um plano de implementação pode ocorrer por meio da técnica 5W2H, a qual é composta por 7 questões, cabendo à equipe do projeto de *design thinking* a descrição das respostas às perguntas, sendo elas:

- WHAT (o quê): **O que fazer** para que o objetivo seja alcançado?
- WHO (quem): **Quem** deve participar de cada ação?
- WHEN (quando): **Quando** cada ação ocorrerá?
- WHY (por quê): **Por que** é importante que cada uma dessas ações deva ser realizadas?
- WHERE (onde): **Onde** será desenvolvida a ação?
- HOW (como): **Como** cada ação será desenvolvida?
- HOW MUCH (quanto custa): **Quanto** custará cada ação?

Outra técnica que pode apoiar o planejamento da implementação de um projeto de *design thinking* é o PMC (*Project Model Canvas* – Figura 7.9), desenvolvido pelo brasileiro José Finocchio Júnior, especialista em gerenciamento de projetos. Ele propõe que as informações básicas de um projeto devem ser disponibilizadas no quadro PMC e a equipe deve descrever os conteúdos de cada parte do Canvas de maneira sucinta e de preferência em tópicos e com *post-its* favorecendo uma visualização sistêmica de todo o projeto.

Figura 7.9: Project Model Canvas (PMC).

Fonte: Adaptado de Finocchio Jr. (2013, p. 34).

O preenchimento do PMC dá-se da seguinte forma:

- **Justificativa:** apresente os motivos mais importantes que justificam a mudança proposta do projeto.
- **Objetivo SMART**: defina o que é desejável ser atingido de forma objetiva, clara e direta.
- **Benefícios:** liste os principais ganhos com a realização do projeto.
- **Produtos (ou serviços):** deixe claro quais são os produtos ou serviços que serão resultantes do desenvolvimento neste projeto.
- **Requisitos (características):** identifique os requisitos a serem atendidos para satisfazer as necessidades dos *stakeholders*.
- **Stakeholders externos:** identifique quem são as partes interessadas externas que serão afetadas pelo projeto, seja positivamente ou não. Aponte em que serão afetados.

- **Equipe (stakeholders internos):** identifique quem são os membros internos do local onde ocorrerá o projeto e como serão afetados. Aponte em que serão afetados.

- **Premissas:** são condições certas do que acontece no ambiente externo, bem como as que podem acontecer.

- **Grupos de entregas:** mencione os resultados a serem entregues em cada uma das fases do projeto até sua conclusão.

- **Restrições:** liste as limitações da capacidade para a produção dos serviços e produtos a serem entregues.

- **Risco:** liste os fatores internos e externos que podem colocar em risco o desenvolvimento do projeto.

- **Linha do tempo**: elabore o cronograma do trabalho com as datas das etapas de cada entrega.

- **Custos:** enumere todos os custos genéricos de cada uma das entregas previstas no projeto.

Observe que, em cada uma das etapas do projeto de *design thinking*, é possível utilizar diferentes técnicas dos diversos campos do conhecimento — seja da área da gestão, da qualidade, da educação, do design, dentre outros —, mas sempre dentro de uma lógica de relação entre eles. É possível acrescentar inúmeras outras ferramentas, caberá à equipe identificar as melhores técnicas conforme cada realidade. O importante é não perder de vista o propósito do *design thinking*: atender às necessidades do ser humano.

Recapitulando

O modelo de pensar do *design thinking* é baseado em conexões e relações que valorizam a intuição, rompendo a forma tradicional do pensamento cartesiano.

O *design thinking* é um modelo mental que pode favorecer as organizações e os indivíduos, seu pensamento contempla lidar com a complexidade e isso significa trabalhar de forma que alterne entre a divergência e a convergência, entre o analítico e o sintético, entre o dedutivo, o indutivo e o abdutivo, entre o materializado e o experimental e entre o individual e o colaborativo.

Os projetos de *design thinking* possuem como componentes característicos: equipes interdisciplinares, conhecimento das restrições, *briefing* flexível, espírito de colaboração, ênfase nas necessidades humanas, cultura de inovação e de otimismo, pensamento visual e a experimentação, chamada de prototipagem.

O processo de *design thinking* obedece às cinco etapas: compreensão do problema (empatizar), interpretação dos levantamentos, definição de alternativas para solucionar o problema, elaboração de protótipos e, por fim, implementação da ideia.

Para refletir

Identifique no ambiente em que atua profissionalmente um problema recorrente e que afeta as atividades do cotidiano. Em equipe, proponha o desenvolvimento de um projeto de *design thinking*, tendo como referência as quatro etapas: compreensão do problema, projeção da solução, prototipagem e, por fim, elaboração de um plano de implementação. Faça um diário de bordo para registrar as ocorrências e os sentimentos em cada uma das fases e, posteriormente, discuta com os demais membros o que foi observado em relação a participação, envolvimento e contribuições. Questione e reflita com eles:

- Ocorreu uma projeção de inovação? Se sim, qual foi?
- Como as pessoas se sentiram durante o processo?
- Qual foi o aprendizado ocorrido com essa experiência?
- Quais foram as estratégias utilizadas para o desenvolvimento do projeto do DT?

Referências

BACICH, L. e MORAN, J. *Metodologias ativas para uma educação inovadora:* uma abordagem teórico-prática. Porto Alegre: Penso, 2018.

BONO, E. *Os Seis Chapéus do Pensamento.* Rio de Janeiro: Editora Sextante, 2008.

BROWN, T. *Design thinking***:** uma metodologia poderosa para decretar o fim das velhas ideias. Rio de Janeiro: Alta Books, 2017.

CAVALCANTI, C. C. e FILATRO, A. *Design thinking*: na Educação Presencial, a distância e corporativa. São Paulo: Saraiva, 2016.

FINOCCHIO JÚNIOR, J. *Project Model Canvas*. 9. ed. Rio de Janeiro: Campus, 2013.

KIM, W. C. e MAUBORGNE, R. *A Estratégia do Oceano Azul*. 15. edição. Rio de Janeiro: Elsevier, 2005.

MATURANA, H.; VARELA, F. G. *A Árvore do Conhecimento*. Campinas/SP: Workshopsy, 1995.

MORIN, E. *O Método 1:* a natureza da natureza. Porto Alegre: Sulinas, 2016.

PRAHALAD, C. K.; HAMEL, G. *Competindo pelo Futuro*: estratégias inovadoras para obter o controle do seu setor e criar os mercados de amanhã. 17. ed. Rio de Janeiro: Elsevier, 1995.

CAPÍTULO 8

— *Joana Ribeiro*

EMPREENDEDORISMO E STARTUPS

Introdução

"Gestões de críticas destrutivas costumam matar as iniciativas quando algum erro é cometido. É essencial termos pessoas com iniciativa se quisermos continuar a crescer. Contrate bons funcionários e deixe-os em paz." (MCKNIGHT, William)

Este capítulo aborda a história do empreendedorismo, sua evolução da Idade Média até a Contemporânea, sua importância para o crescimento econômico, assim como melhoria social de um país e o papel da empresa, governo e instituições de ensino e pesquisa (conhecidos como tríplice) para alavancar o número de bons empreendimentos que geram riqueza.

Os empreendedores aqui são tratados como inovadores em busca de novas oportunidades por meio da aplicação eficiente de suas ideias. Eles possuem uma curiosidade insaciável por descobertas, habilidades em conhecer necessidades específicas do mercado e propor em tempo hábil uma solução para atendê-las. As características desse tipo de empreendedor é o que o separa do empresário comum, cujo objetivo é, simplesmente, lucrar com a produção, compra e venda de produtos e serviços.

1. História do empreendedorismo

O termo empreendedorismo é utilizado desde a Idade Média. Naquela época, utilizava-se o termo empreendedor para o principal responsável de algumas importantes tarefas, tais como projeto e construção de edifícios, utilizando para isso os recursos disponíveis. Foi a partir do século XVI que o termo comércio se popularizou, devido ao fortalecimento do mercantilismo marítimo europeu, trazendo produtos agrícolas das colônias para serem vendidos, tais como café, açúcar e especiarias. O empreendedor ganha outro foco, como a pessoa responsável por realizar um empreendimento comercial.

O empreendedor ganha força, poder e *status* na política a partir da 1ª Revolução Industrial, em que o foco passa a ser a construção de fábricas altamente produtivas para comercialização de produtos com maior valor agregado. Economistas nessa época, como John Baptiste e John Stuart, classificavam os empreendedores como aqueles responsáveis por empregar, organizar e controlar os recursos em áreas de alta produtividade a fim de obter de lucros, aceitando os riscos envolvidos.

Desde o início, muitos empreendimentos emergiram como resultado da inovação baseada em novos produtos, outros eram apenas uma expansão dos negócios já existentes em mercados em crescimento. Importante entender que, desde seu início na sociedade, o empreendedorismo está ligado à inovação. Muitas marcas gigantes que você conhece hoje começaram em uma garagem ou pequena estação de trabalho, mas, com a determinação, coragem e visão, esses pequenos empreendimentos foram transformados em multinacionais.

A pergunta que não quer calar é se o empreendedorismo pode ser ensinado desde cedo ou, melhor ainda, se é possível desenvolver nas crianças o espírito empreendedor — e a resposta é SIM. Não somente é possível, como uma nação que busca crescimento a longo prazo deve desde o início apoiar jovens que têm essa vocação. Lembro, na minha infância, de pegar alimentos na dispensa de casa para serem os produtos da lojinha e escrever nas folhas em branco os valores para serem as moedas. Por que eu fazia isso? Porque eu via todo dia minha mãe acordar cedo para ir abrir sua pequena livraria que tinha no nosso bairro. Eu adorava observar as conversas, o cliente escolher o produto, as negociações, as cobranças, porém era pequena demais para lidar com cliente e dinheiro. Minha mãe acabou vendendo a livraria e, infelizmente, não tive a oportunidade de trabalhar lá e realizar esse pequeno sonho.

Eu gostaria de mostrar com esse pequeno trecho de minha história a importância do contato desde cedo com empreendedorismo para despertar a vocação em jovens. Hoje sou sócia de um microcervejaria, e algo que gosto muito de fazer, quando é possível, é ficar atrás do balcão servindo os clientes e obtendo as sugestões e avaliações dos mesmos quanto a nossos produtos e serviços. Essa vocação não foi despertada no ensino fundamental, mas poderia ser naturalmente despertada na escola. Uma vez despertada essa vocação, as universidades devem ser como uma alavanca, capaz de ajudar os estudantes com todo o suporte básico necessário para transformar boas ideias ou projetos de pesquisa e desenvolvimento em negócios.

2. Conceito de empreendedorismo

Antes de falarmos sobre o empreendedorismo na educação, é fundamental esclarecer o que é empreendedorismo, utilizando para isso diversos pontos de vista.

O empreendedorismo é formado por três elementos: pessoa, processo e objeto, conforme abaixo.

Figura 8.1: Os três elementos do empreendedorismo.

Nesse contexto, o empreendedor é a pessoa responsável pela abertura de uma empresa. Essa pessoa é dotada de iniciativas, habilidades para inovar, e busca grandes conquistas. Trata-se de um agente catalisador de mudança, capaz de buscar e aplicar diferentes tipos de recursos para colocar seus projetos em prática. Para Albert Shapero, empreendedores possuem forte iniciativa, aceitam risco de fracasso e têm um foco interno de controle. No entanto, consideramos o empreendedor segundo a visão de Joseph Schumpeter: um empreendedor é aquele que é inovador, criativo e tem uma visão de futuro capaz de introduzir um novo produto, um novo método de produção, abrir um novo mercado, descobrir uma nova fonte de fornecimento de matéria-prima ou introduzir nova organização em qualquer setor. Percebe-se que existem diferentes níveis de empreendedores, desde o mais inovador e revolucionário ao empreendedor que vai explorar um novo mercado com um produto já existente.

Claro que em muitos negócios é uma simples repetição do que em todo mundo vários estão fazendo, por exemplo: abrir uma loja de móveis em uma rua que já possui outras lojas de móveis parecidas. Mas isso não é realmente empreendedorismo? Não, pois está apenas realizando "os mesmos negócios de sempre". Então, qual é o nível de inovação de um empreendimento? Isso irá depender da ideia a ser implementada, das competências e experiências. Não existe uma empresa em pé sem um empreendedor por detrás dela, mesmo que, agora distante, um dia alguém concebeu e a explorou.

Sendo assim, a seguir, está uma lista de mitos sobre empreendedores que você pode esquecer:

- **Mito 1:** os empreendedores são empreendedores, não criadores.
- **Mito 2:** os empreendedores nascem, não são criados.
- **Mito 3:** os empreendedores são sempre inventores.
- **Mito 4:** os empreendedores não se enquadram na academia.
- **Mito 5:** os empreendedores devem se encaixar em determinado perfil.
- **Mito 6:** todos os empreendedores precisam de dinheiro.
- **Mito 7:** todos os empreendedores precisam de sorte.
- **Mito 8:** empreendedores buscam sucesso, mas vivenciam altas taxas de falha.
- **Mito 9:** empreendedores adoram assumir riscos elevados (jogadores).

Segundo GEM (2019), o empreendedorismo trata-se de qualquer intento de novos negócios ou criação de novas empresas, como o autoemprego, a reorganização de um negócio, ou a expansão de um já existente, por um indivíduo, grupo de indivíduos ou firmas já estabelecidas. Veja que podemos empreender abrindo um novo negócio, ampliando a partir de uma base de negócios já estabelecida ou trabalhar por conta própria (autônomo). Os espaços criados de *coworking*, modelo de trabalho que se baseia no compartilhamento de espaço e recursos de escritório, colaborou muito para aumentar esse tipo de empreendedorismo, o trabalho autônomo.

Para Drucker (2010), o empreendedorismo não é uma ciência nem uma arte, é uma prática. O sentido de prática nesse caso é a união das competências, habilidades e recursos para realização de um produto ou serviço; por mais que bem executado por todos os envolvidos, não podemos garantir o êxito do empreendimento, pois existem diversos condicionantes externos que podem influenciar de forma positiva ou negativa no processo.

Considero o empreendedorismo como um **processo** dinâmico de visão, mudança e criação de novos negócios ou expansão dos existentes. Você pode considerar que o empreendedorismo é ser pioneiro em um produto/serviço verdadeiramente inovador; conceber um novo modelo de negócio; criar uma versão melhor ou mais barata de um produto/serviço existente; direcionar um produto/serviço existente para novos conjuntos de clientes.

Figura 8.2: Ambientes de *coworking* nas universidades.

Para isso, requer bastante energia e determinação dos envolvidos na busca constante de oportunidades, novas ideias e soluções criativas.

Os ingredientes essenciais do empreendedorismo incluem:

- saber calcular os riscos;
- capacidade de formular uma equipe efetiva;
- habilidade de mobilizar os recursos necessários;
- construir um plano de negócios sólido;
- visão de enxergar oportunidades;
- e agilidade em mudar conforme as necessidades.

O empreendedor é o autor e o empreendedorismo é a ação, o resultado desse processo, motivado pelo autor, é o empreendimento, ou seja, uma organização empresarial fornecedora de bens e serviços para determinado mercado, cujo êxito gera empregos, contribui para o desenvolvimento econômico e social do país.

Esse é um ponto que deve ser destacado, os empreendimentos contribuem e continuaram contribuindo para o desenvolvimento econômico e social de qualquer país. A alta atividade de empreendedorismo em um país melhora a economia e as vidas das pessoas, gerando empregos, desenvolvendo novas soluções para nossos problemas e criando tecnologia que melhora a eficiência dos processos (GEI, 2018).

A tabela abaixo apresenta o *ranking* dos 10 países com melhores índices de empreendedorismo (Global Entrepreneurship Index), avaliado pela Global Entrepreneurship and Development Institute, em 2017. De 137 países avaliados, o Brasil se encontra na posição 98, revelando um trabalho árduo que o país enfrenta para melhorar o cenário.

Tabela 8.1: *Ranking* dos 10 países com melhores índices de empreendedorismo (GEI,2018).

Ranking	País	Índice (GEI, 2018)
1	Estados Unidos	83,6
2	Suíça	80,4
3	Canadá	79,2
4	Inglaterra	77,8
5	Austrália	75,5
6	Dinamarca	74,3

7	Islândia	74,2
8	Irlanda	73,7
9	Suécia	73,1
10	França	68,5

Para a criação de um cenário positivo para o país, é necessário que alguns pilares sejam fortalecidos para geração de um ecossistema favorável ao empreendedorismo. Segundo o GEI (2018), os pilares são: governo, setor corporativo, infraestrutura, setor financeiro, pesquisa e desenvolvimento e educação. Veja que a educação, especialmente a educação pós-secundária, desempenha um papel vital no desenvolvimento do empreendedorismo, fortalecendo as habilidades e criando um ambiente propício para o desenvolvimento de novos negócios com base tecnológica.

A questão que deve ser indagada é como criar uma geração empreendedora capacitada e encorajada a investir em seu próprio negócio. Bem, para isso, precisamos estimulá-la na criação de ideias e capacitá-la a desenvolver a ideia para transformá-la em um produto ou serviço desejado e escalável.

Figura 8.3: Configuração do ecossistema empreendedor (modificado GEI, 2018).

3. A importância da formação de jovens empreendedores

Não tenho dúvida de que todos almejamos nos tornarmos uma nação rica em produção de ideias inovadoras para resolver diversos tipos de problemas, sejam eles de finalidade econômica, social ou ambiental, utilizando, para isso, tecnologias desenvolvidas por empresas brasileiras. Pela dimensão do Brasil, era para se ter uma grande quantidade de *cases* de sucesso de empreendedores para listar, mas, infelizmente, temos poucos, principalmente de base tecnológica. Alinhado com a tendência da Indústria 4.0, o empreendedorismo deve caminhar para o mesmo patamar, com uso e aplicação de tecnologias de ponta para entregar soluções inovadoras na percepção do cliente.

Portanto não adianta analisar somente o número bruto, revelando que o número de empresas cresceu no país, é necessário analisar a qualidade, ou seja, desse total quantas são inovadoras. É nesse tipo de empreendedorismo, o inovador, que devemos focar e motivar nossos jovens, alinhado com o futuro, com o viés para a Tecnologia 4.0, escalável e de baixo consumo de recursos, fazendo essa distinção com o empreendedorismo de simples reprodução de negócios já existentes e bem estabelecidos comercialmente.

Segundo os estudos de Wagner (2012), os especialistas entrevistados compartilham da crença de que a maioria das pessoas pode se tornar mais criativa e inovadora, considerando o ambiente e as oportunidades certas.

Sendo assim, uma importante questão a ser provocada é: como o sistema de educação superior pode desenvolver as habilidades necessárias nos alunos para que se tornem empreendedores criativos?

Segundo os mesmos estudos, Wagner (2012) aponta algumas habilidades cruciais do empreendedor inovador, sendo elas divididas em duas categorias: fazer e pensar. Veja na tabela a seguir.

Tabela 8.2

Fazer	Pensar
Resolução de problemas	Pensamento crítico
Colaboração entre redes e liderança	Acessar, analisar e associar informações
Agilidade e adaptabilidade	Questionamentos

Iniciativa	Curiosidade e imaginação
Comunicação oral e escrita eficaz	Observação
Experimentação	Criatividade

Essas duas categorias de habilidades se complementam e não são necessariamente natas; portanto, devem ser desenvolvidas ou aperfeiçoadas no ensino. Entretanto o que enxergamos normalmente na educação brasileira é que o aluno entra no ensino fundamental com muita imaginação, curiosidade e criatividade, porém percebe, com o tempo, que o que importa é saber a resposta correta para passar nos exames.

O ser humano é dotado de criatividade e, graças a ela, foi-nos permitida a evolução tecnológica, autonomia para gerar fogo, invenção da roda, armas para caça, silos para armazenamento de alimentos etc. Essa característica possui relação direta com a capacidade de inovar, criando saídas inteligentes para problemas que parecem ser impossíveis (TAJRA, 2014).

Resumindo, as habilidades tanto do pensar quanto do fazer são reprimidas e, por essa razão, a importância do tema Educação 4.0, que vai ao encontro das necessidades de ferramentas modernas de educação para impulsionar as habilidades dos nossos futuros empreendedores. Não tenho dúvida de que o uso de métodos retrógrados se tornou frustrante, tanto para o tutor quanto para o aluno da geração Millennials.

A educação fundamental tem hoje um papel fundamental de, ao contrário de reprimir, alimentar a observação, criatividade, imaginação, questionamentos, experimentação em busca do desenvolvimento do pensamento crítico, da comunicação oral e escrita e resolução de problemas reais. Por outro lado, as universidades precisam estar preparadas para receber esses jovens ricos em ideias e pensamentos, e impulsioná-los com projetos de pesquisa e desenvolvimento.

As universidades são uma fonte rica de conhecimento, ideias, descobertas e invenções, que, por meio de seus alunos, são capazes de disseminar esses recursos para a sociedade. A disseminação era focada em artigos científicos e patentes, ainda importante, mas, atualmente, as universidades estão comercializando produtos e serviços, por meio de startups, surgindo o conceito de Universidade Empreendedora (Academic Entrepreneurship), também conhecido como a terceira missão da universidade. Esse conceito reflete a necessidade de aproximar a academia e o setor privado para a realização de projetos em Pesquisa e Desenvolvimento (P&D). Segundo Ipiranga *et al.* (2010), a instituição de ensino vai além da formação, desempenhando um papel no Sistema de Inovação e no desenvolvimento do país.

Figura 8.4: Tríplice hélice.

O resultado é um processo de criação de valor econômico através da comercialização de tecnologias ou resultados de pesquisa gerados por indivíduos ou grupos de indivíduos em instituições acadêmicas (BAGCHI-SEN *et al.*, 2015). Observa-se que, com esse novo perfil, as atividades empresariais nas universidades estão sendo consolidadas através do aumento de registro de patentes, licenciamento e criação de startups, muitas vezes *spin-off* de projetos acadêmicos. Para Etzkowitz (2014), uma Universidade Empreendedora é aquela capaz de transformar resultados de pesquisa, com potencial de comercialização, em empresas inovadoras, tendo as políticas de inovação como suporte e a possibilidade de impacto regional como os escritórios de transferência de tecnologia.

Existem três características básicas de uma universidade empreendedora:

a) Suporte a atividades empreendedoras.

b) Existência de mecanismos de interface com empresas e governo.

c) Número significativo de empreendedores acadêmicos.

O empreendedor acadêmico é um cientista universitário dedicado à comercialização dos resultados de sua pesquisa, por meio de uma patente e/ou um negócio. Perceba que para se ter uma Universidade Empreendedora, além do suporte e os mecanismos de interface, é fundamental ter um contingente de jovens acadêmicos habilitados para desempenhar essa função de empreender.

4. Fatores-chave para criação de uma cultura voltada à educação empreendedora

Como explicitado, a criação de uma cultura voltada ao empreendedorismo é uma demanda necessária para o desenvolvimento econômico e social de um país.

O Brasil possui esse desafio, uma vez que relatórios apontam para esse deficit. Para isso, é necessário investir na Educação Empreendedora. Segundo Tavares (2013), torna-se importante repensar a educação no Brasil, tendo em vista a disseminação da cultura empreendedora como um fator gerador de oportunidades e fomentadora de desenvolvimento.

O ser humano não nasce empreendedor, ele desenvolve essa característica no meio em que vive, e o ambiente, tanto a época quanto o lugar, é um influenciador positivo ou negativo dessa tendência (EMMENDOERFER, 2000).

A cultura empreendedora possui facilidade de enxergar e investir em novas oportunidades, possui os meios para capacitação de pessoas a fim de desenvolver as oportunidades, além de possuir uma estrutura adequada para o máximo aproveitamento. Cultura empreendedora é fundamentada no planejamento, medição e aceitação de riscos e motivação da sociedade para abertura de negócios inovadores. Quantos jovens não são barrados devido à cultura na família e/ou escola estar voltada para formação em uma profissão com o intuito de conseguir um emprego em uma empresa de renome ou em uma instituição pública?

A cultura empreendedora é o oposto, ela instiga em nossos jovens a necessidade de correr riscos para criar e empreender, sendo a força motriz a inovação, trazer para a sociedade local ou global algo novo, útil e viável. Os empreendimentos inovadores surgem constantemente em uma cultura empreendedora, a qual é influenciada por alguns fatores-chave:

a) **Ambiente externo:** depende das iniciativas de governo, políticas de governo e mecanismos de apoio, infraestruturas, institutos de pesquisas e empresas que promovam e facilitam o empreendedorismo.

b) **Contexto do indivíduo empreendedor:** história familiar e tradição empreendedora, influências culturais relacionadas à atividade empresarial, compromissos familiares, oportunidades educacionais e nível de apoio da família e amigos, habilidades adquiridas, atitudes para autoemprego e atitude de correr riscos.

c) **Networking:** o relacionamento com outros empreendedores fortalece o espírito empreendedor e enriquece a cultura, como novas práticas e métodos que podem ser aplicados em seus próprios negócios e o desenvolvimento de novos. É comum startups que deram certo ajudar as novas, tanto financeiramente como operacionalmente, oferecendo mentorias para melhor gestão.

d) **Escolas e universidades voltadas para a inovação**: com flexibilidade curricular que desenvolva a autonomia, cursos de formação de professores e gestores para a inovação e a criatividade, laboratórios interdisciplinares e integrados com as necessidades da comunidade, e eventos educativos para pais e mães sobre inovação e empreendedorismo.

Destaca-se a importância da aplicação de ferramentas modernas orientadas à inovação para motivar nossos jovens a trabalharem no campo da tecnologia. Uma ferramenta é o STEM (Science, Technology, Engineering e Mathematics), que busca integrar Ciência, Tecnologia, Engenharia e Matemática em uma metodologia de ensino, utilizando, para isso, projetos reais para aplicação. Essa metodologia de ensino é como não dar o peixe para os alunos, mas ensiná-los a pescar, dando uma vara ou, melhor ainda, dando os recursos para eles mesmos construírem a vara. O professor será um mentor, que, no momento certo, fará as devidas intervenções e união de conhecimento e aprendizado.

Com isso, teremos poucas salas, ou até nenhuma, no formato tradicional, como mostrado na Figura 8.5 — veja como não integra aluno–equipe–professor–projeto, perceba como apenas esse único sentido de "transferência de conhecimento" (professor–aluno) pode limitar a capacidade criativa dos alunos. Esse único tipo ambiente não agrega valor ao aprendizado!

Figura 8.5: Sala de aula tradicional.

O que é preciso então é a construção de salas adaptadas a projeto, com os recursos necessários para o aprendizado na prática, em que o erro é um componente do processo de aprendizagem dos alunos e não uma redução.

As áreas de conhecimento que o STEM foca são a base para as descobertas e inovações tecnológicas e, para garantir liderança tecnológica de uma nação, é necessário ter um volume significativo de capital humano capacitado nessas áreas.

Figura 8.6: Sala de aula STEM.

Atualmente, quase a metade (47%) de todos os graduados em Ciências e Engenharias são provenientes da China e Índia. Preocupados com sua liderança tecnológica em relação ao crescimento expressivo da China no quesito inovação, os Estados Unidos revelaram, em dezembro de 2018, seu Plano Estratégico de Educação de 5 Anos baseado na metodologia STEM. O plano detalha a estratégia do governo federal americano em expandir e melhorar a capacidade da nação para a educação STEM e preparar os jovens com as habilidades necessárias para a economia do futuro.

Um programa bem interessante é a imersão de jovens nas empresas de base tecnológica, através de programas de estágios para alunos do segundo grau. É uma parceria de escolas e empresas de promoverem o aprendizado STEM na prática, em que as empresas disponibilizam vagas e tutores para esses alunos. O aluno certamente não tirará cópias para a secretária, ele terá uma experiência colocando a "mão na massa" em uma atividade atribuída pelo mentor responsável da empresa junto com o tutor da escola.

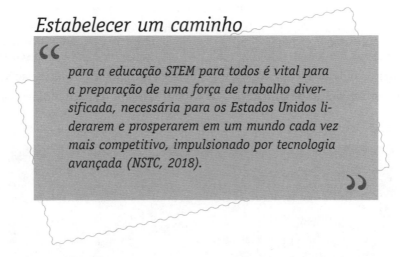

Estabelecer um caminho para a educação STEM para todos é vital para a preparação de uma força de trabalho diversificada, necessária para os Estados Unidos liderarem e prosperarem em um mundo cada vez mais competitivo, impulsionado por tecnologia avançada (NSTC, 2018).

As escolas não geram inovação, mas elas são base fundamental para a criação de uma cultura voltada para o empreendedorismo inovador e a aplicação de metodologias, como a STEM, que promovem uma geração de jovens voltados para as demandas do futuro. Jovens capacitados, criativos, integrados, experimentadores, autônomos, sem medo de errar (aceitação ao risco), ou seja, uma série de habilidades de que um empreendedor precisa.

Melhorar a criatividade dos alunos é outra questão que deve sempre estar nas discussões e alinhada com os métodos modernos de Educação 4.0. Dessa maneira, algumas ações no sistema de educação que ajudam a melhorar a criatividade dos alunos são:

a) Apresentar para os alunos os desafios que eles resolverão no semestre. Desafio por si só é uma fonte de motivação e inspiração, no qual o aluno desenvolverá sua criatividade para resolvê-lo.

b) Desenvolver nos alunos a liberdade no aprendizado com maturidade. Ensinamentos, nesse sentido, ajudam os jovens a se autogerirem.

c) Disponibilizar recursos, ou seja, meios que eles possam utilizar para criar e desenvolver coisas novas.

d) Sempre que possível, as atividades devem ser feitas em equipe de integrantes com diferentes habilidades, facilitando o papel de cada aluno na execução da atividade.

e) Os tutores são personagens fundamentais em todo esse processo, tendo o apoio necessário para motivá-los a não desistir, analisar os resultados de cada entrega, elogiar os pontos positivos e salientar que ponto deve ser melhorado.

5. Geração de startups

O termo *startup* passou a ser utilizado com muita frequência na bolha da internet, no final da década de 1990, em que uma grande quantidade de empresas baseadas na internet foi fundada, conhecidas como "pontocom". O estouro da bolha ocorreu em 2001, no qual toda a especulação realizada do valor da ação dessas startups foi por água a baixo, boa parte delas faliu. No entanto, foi nessa época que o termo startup se difundiu e ganhou seu significado. Uma dica para entender mais sobre esse momento da história das startups é o documentário Startup.com estreado em 2001, o qual acompanha a criação e a falência da empresa govWorks.

Uma definição muita utilizada de startup é "uma empresa recém-criada e de rápido crescimento que visa atender a uma necessidade do mercado, desenvolvendo ou oferecendo um produto, processo ou serviço inovador".

Outras definições de startup trazem-na como "uma organização geralmente de pequeno porte que possui uma ideia inovadora, com elevado grau de incerteza e de riscos". Em outras palavras: "é um modelo de negócios repetível e escalável, trabalhando em condições de extrema incerteza".

O estouro da bolha não matou todas as startups, pelo contrário, aquelas que conseguiram sobreviver hoje são multinacionais gigantes como Google e Amazon. No caso do Google, eles criaram um nicho de mercado com seu sistema de busca, não disputando mercado com um negócio tradicional, assim como foi o caso da Amazon. Hoje vivenciamos um novo surgimento de startups, porém mais embasadas e estruturadas, disputando investimentos de forma mais acirrada. No Brasil não é diferente, a quantidade de startups está crescendo ano a ano, sendo um bom indicador. Segundo a Associação Brasileira de Startups, em 2012 havia 2.519 startups cadastradas, em 2017 o número saltou para 5.147, um crescimento de 200%.

Um ambiente bastante fértil para a geração de startups é o universitário e cito o exemplo do Vale do Silício, nos EUA, berço de uma série de empresas multinacionais.

O Vale do Silício é uma região que abrange várias cidades localizadas ao sul de São Francisco, Califórnia, nos EUA. Assim que foi descoberto ouro, em 1848, em Colomo, vilarejo próximo da cidade São Francisco, a região sofreu um forte processo de migração de milhares de aventureiros americanos e estrangeiros para a cidade de São Francisco. Segundo Normand (2014), essa é uma explicação para o que viria a ser o espírito do Vale do Silício cem anos depois: aventureiros e multiculturalismo. Esse processo de migração, além de ajudar a estabelecer a cultura empreendedora na região, trouxe o investimento público e privado em infraestrutura, educação e saúde.

A prestigiada Universidade de Stanford foi fundada em 1870 e, hoje, além de reconhecimento internacional por seu ensino, é reconhecida pela excelência na transferência tecnológica de suas pesquisas. O professor de engenharia Frederick Terman, apelidado de "Pai do Vale do Silício", incentivava os estudantes de Stanford a não apenas desenvolver, mas também a comercializar suas ideias. Em 1939, os alunos William Hewlett e David Packard desenvolveram um oscilador de precisão de áudio de baixo custo para medir a frequências de áudio e o transformaram no primeiro renomado *spin-off*, conhecido como HP.

Terman imaginou um novo tipo de colaboração, em que a Universidade de Stanford poderia unir forças com a indústria e a cidade de Palo Alto para promover interesses compartilhados. Ele viu o potencial de um parque para atrair cientistas e professores novos e de alta qualidade, fornecer empregos para recém-graduados e estimular o desenvolvimento econômico regional. Em 1951, inaugurou-se a primeira incubadora, a Stanford Research Park, para abrigar empresas inovadoras como a HP na época.

Os investimentos massivos e orientados realizados pelas universidades em P&D geram tecnologias que devem ser comercializadas. Existem dois caminhos principais para levar a tecnologia ao mercado: o primeiro envolve o licenciamento universitário da tecnologia para uma empresa estabelecida, em que a empresa incorpora a tecnologia em seus processos de desenvolvimento, fabricação e vendas de produtos; o outro caminho envolve a criação de uma startup para comercializar a tecnologia na incubadora da mesma, como aconteceu com os alunos William Hewlett e David Packard há décadas.

Agora, um desafio é qual caminho escolher para cada tecnologia que tem um potencial para ir ao mercado? Shane (2004) ajuda a responder essa questão com o apoio de uma tabela que visa identificar as características de uma determinada tecnologia e, dependendo das avaliações, se ela irá se encaixar melhor na criação de uma startup ou na transferência para uma empresa já consolidada.

Tabela 8.3: Análise das características de uma tecnologia adequada para startups vs. transferência tecnológica.

Característica	Startup	Transferência tecnológica
Tipo de tecnologia	Radical/novo produto	Incremental
Tipo de conhecimento	Tácito	Sistematizado
Estágio	Inicial	Pronto
Propósito	Geral	Específico
Valor para o cliente	Significante	Moderado
Proteção intelectual	Forte	Fraco

Fonte: Adaptado de Shane (2004).

As tecnologias identificadas como potenciais para geração de startups são do tipo novo produto ou radicais, ou seja, com alto grau de novidade (ineditismo). O conhecimento dessa tecnologia é intrínseco aos pesquisadores responsáveis por seu desenvolvimento. O estágio de desenvolvimento da tecnologia ainda é inicial, precisando ser testada, reconfigurada e testada novamente. Por esse motivo, não terá muita atenção ainda de empresas para a transferência tecnológica. Quanto ao propósito, essa tecnologia possui uma vasta gama de possíveis aplicações e, indo ao encontro de toda startup, ela possui um alto valor para o cliente, por se tratar de uma tecnologia com potencial de solução de um problema até agora não solucionado ou, pelo menos, não da forma desejada.

Hoje vivenciamos uma nova onda de empreendedorismo, um cenário muito propício para a criação de startups, e aquelas que estão em sintonia com a Revolução 4.0 possuem uma grande vantagem competitiva. Muitas não vão conseguir sobreviver seus primeiros anos, indo à falência ou pivotar (pivotar é um termo muito utilizado em ambiente de startups que quer dizer que aquela estratégia de negócio que não está obtendo êxito deve, o quanto antes, girar em outra direção e testar novas hipóteses). A agilidade é um ponto-chave, pois, se as ações para pivotar não ocorrerem assim que identificado o erro, a falência é certa. A startup Petmondo (www.petmondo.com.br) pivotou duas vezes até se fixar em seu negócio atual de *marketplace* de produtos para animais de estimação. *Marketplace* é como uma espécie de shopping center virtual, reunindo nesse caso várias petshops conectando as lojas com os clientes através de uma plataforma digital. A ideia inicial era ser uma comércio eletrônico de venda ração a partir de um armazém. A operação chegou a ser testada, mas durou 2 meses e o fundador já pivotou.

Se uma operação der certo, seu potencial de crescimento é gigantesco.

As universidades estão se transformando em um campo fértil para geração de startups, unindo a ciência e a tecnologia internas no potencial em transformar produtos e serviços inovadores. Aquelas preparadas com uma estrutura voltada para a criação de negócios aproveitam a capacidade de seus alunos com habilidades de empreendedores para abrirem seu negócio no campus universitário.

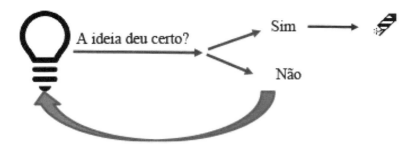

Caso do empreendedor Steve Jobs

Veja a intrigante história de empreendedorismo e inovação da Apple, que talvez não iniciado em uma faculdade, por falta de oportunidade na época, pois Stanford era uma exceção.

Steve Jobs, símbolo de inovação e empreendedorismo, fundou a Apple Inc. em uma garagem e foi o líder responsável por torná-la a empresa mais inovadora do mundo. Jobs iniciou as atividades de criação junto com seu grande amigo Steve Wozniak em 1976. Um ano depois da invenção da Apple I, eles lançaram a Apple II, que tornou um grande sucesso, tornando a recém-criada empresa em um importante ator na indústria de PC (Personal Computer). Na década de 1980, Jobs se tornou o mais jovem multimilionário americano, mas, por ter a Apple se tornado uma empresa de capital aberto, ele fez inimizades com a alta diretoria da empresa, o que levou a perder força na administração.

Mesmo com o sucesso do computador Macintosh, Jobs foi demitido em 1985. A saída de Jobs da Apple, o jovem empreendedor e visionário, revelou que os processos de criação e inovação pertenciam ao fundador. O insucesso no lançamento de novos produtos e a brusca redução das vendas geraram grandes prejuízos à empresa, sua marca estava se deteriorando, ou seja, a empresa estava caindo em uma avalanche. Em contrapartida, Steve Jobs cria a NeXT, empresa para desenvolvimento de softwares.

Depois de dez anos, a NeXT é comprada pela Apple, trazendo-o de volta, o que o fez assumir o cargo de consultor. Em 1995, Jobs compra a Graphics Group, em seguida renomeada para a famosa Pixar. Uma brilhante empresa de computação gráfica que havia criado o filme *Guerra nas Estrelas* e que, em 1991, foi contratada pela Walt Disney Pictures para fazer o filme *Toy Story*. No ano 2000, Jobs se torna CEO da empresa, e a revolução na Apple se inicia — cortou vários projetos e focou em produtos revolucionários. Um ano depois do retorno de Jobs ao comando da empresa que criou, dois produtos são lançados: o iPod e o iTunes, os quais mudaram radicalmente o mundo da música digital. O sucesso absoluto desses dois produtos ajudou na criação dos próximos em 2007 e 2010, respectivamente: o iPhone e o iPad. A ação da empresa valorizou mais de 9.000% após o retorno de Jobs (KOLLEWE, 2011). Steve Jobs faleceu no ano de 2011 e deixou sua marca na história da tecnologia moderna.

O DNA de Jobs era a criação e inovação, projetando e desenvolvendo produtos de alta qualidade, desempenho e beleza (design). Todos os contratempos não tiraram dele sua essência; pelo contrário, fortaleceram-no a continuar empreendendo e entregando produtos inspiradores.

Recapitulando

A evolução do significado e uso do termo empreendedorismo, passando por diversas transformações, hoje está relacionado em colocar em ação uma ideia, tendo ela sucesso ou não. Por isso, todo empreendimento é um risco iminente de fracasso, porém o empreendedor se atenta à possibilidade de sucesso e se vislumbra com esse possível futuro.

Muitos mitos foram criados ao longo da história; entre eles, o mito que os indivíduos já nascem empreendedores. Como debatido, são uma série de habilidades que qualifica um empreendedor e essas habilidades, mesmo não natas, podem ser desenvolvidas e melhoradas ao longo de nossas vidas. Aqueles que tiverem a oportunidade desde cedo, com ajuda dos professores e pais, sendo motivados e orientados no desenvolvimento dessas habilidades, possuem maiores chances de se tornarem empreendedores assim que consolidarem uma ideia. Todo empreendimento depende de um empreendedor com um "sonho" de realização, esse processo é chamado de empreendedorismo. Contudo existe um ambiente externo que o influencia, positivamente, no caso se tiver uma estrutura, como é possível observar em países como Dinamarca, Noruega e Coreia do Sul. Nesses países, a tríplice Governo, Institutos de Ensino e Pesquisa e Empresas está em forte sintonia, criando novos negócios, gerando riqueza e, consequentemente, investindo mais recursos em P&D.

As escolas e universidades do futuro têm um papel fundamental para um Brasil 4.0 que almejamos, ensinando aos nossos jovens talentos que possuem vocação a desenvolverem as habilidades em um formato de ensino revolucionário. Precisamos construir o quanto antes uma cultura empreendedora.

Para refletir

1. Quais são as coisas que me motivam, fazendo com que eu me sinta feliz e vivo e, ao mesmo tempo, com vontade de trabalhar duro?

2. Após a leitura deste capítulo, elenque os principais motivos de alguém se tornar um empreendedor e os principais motivos de não se tornar um.

3. Pense em uma ideia que possui potencial para se tornar um empreendimento inovador. Em que sua ideia de negócio se diferencia dos negócios atuais semelhantes? Se ela estiver alinhada com a era 4.0, identifique em que pontos, senão como você poderia alinhá-los? Desenhe a tríplice hélice de seu negócio e insira os principais atores envolvidos em cada triângulo, por exemplo, em Institutos de Ensino e Pesquisa: USP, Unicamp, FGV.

Referências

ACÚRCIO, M. R. B. *et.al. O Empreendedorismo na Escola*. v. 5. São Paulo: Artmed, 2005.

BAGCHI-SEN, C. L. S.; POON, J. *Academic-Industry Collaboration*: Patterns and Outcomes in Handbook of Research on Global Competitive Advantage through Innovation and Entrepreneurship, 2015.

DRUCKER, P. *Innovation and Entrepreneurship*. Harpen Collins, 2010.

EMMENDOERFER, M. L. *As transformações na esfera do trabalho no final do século XX*. Florianópolis: Fundação Milton Campos/Conselho de Reitores das Universidades Brasileiras, 2000. Monografia (Prêmio Senador Milton Campos).

ETZKOWITZ, H. The Entrepreneurial University Wave: From Ivory Tower to Global Economic Engine. *Industry and Higher Education*, 28 (4): 223-232, 2014.

GEM. Global Entrepreneurship Monitor. *How GEM Defines Entrepreneurship*. Disponível em: <https://www.gemconsortium.org/wiki/1149>. Acesso em: 15 jan. 2019.

IPIRANGA, A. S. R.; FREITAS, A. A. F. de; PAIVA, T. A.. O empreendedorismo acadêmico no contexto da interação universidade–empresa–governo. *Cad. EBAPE.BR* [online]. 2010, v. 8, n. 4, p. 676-693.

KOLLEWE, J. *Apple stock price falls on news of Steve Jobs's death*. Disponível em: <https://www.theguardian.com/technology/2011/oct/06/apple-stock-steve-jobs>. Acesso em: jan. 2018.

NORMAND, R. *Vale do Silício*: entenda como funciona a região mais inovadora do planeta. 2014. Disponível em: <http://www.valedosilicio.com/>.

NSTC. National Science & Technology Council. *Charting a course for success*: America's strategy for STEM education. 2018. Disponível em: <https://www.whitehouse.gov/wp-content/uploads/2018/12/STEM-Education-Strategic-Plan-2018.pdf>. Acesso em: jan. 2019.

RIES, E. *A startup enxuta*. Leya Brasil, 2012.

SHANE, S. A general theory of entrepreneurship: the individual-opportunity nexus. *International Small Business Journal*, 22(2): 206-209, 2004.

TAJRA, S. F.. *Empreendedorismo: conceitos e práticas inovadoras*. 1. ed. São Paulo: Érica, 2014.

ÍNDICE REMISSIVO

A

ação interdisciplinar 60
Análise de Rede Epistêmica 124
aprendizagem significativa 137
apropriação 122
Aristóteles 35
artes liberais 36
atitude 64
atividades humanas 85
AutoMentor 124
autonomia 28

B

biomimética 177
biotecnologias 16
blockchain 15
briefing 169
bugs 120

C

capitalismo selvagem 24
carreira 39
  inteligente 40
  proteana 40
  sem fronteiras 40
cenário brasileiro 36

Charles Bukowski 34
clusters 14
  integração do ambiente 14
  modificação do ser humano 14
  reconstituição do futuro físico 14
  tecnologias digitais extensíveis 14
coaching 29
Codecademy 116
cognição distribuída 122
competências transversais 64
conhecimento 63
conotação econômica 35
construção da identidade 85
construção de identidade profissional 36
cooperativismo 24
corporações 36
crescimento econômico 3

D

design 19
  design thinking 2, 19, 78, 154, 159
  pensamento do design 164, 165, 166
diagnóstico 102
difusão do conhecimento 18
digital game-based learning 125
Digital Zoo 123
dimensões

dimensão biológica 57
dimensão espiritual 58
dimensão psíquica 57
dimensão social 57
dinamismo 39
diploma 38
Duolingo 115

E

educação
  Educação 4.0 5, 27–30, 193, 199
  educação a distância 135–158
  educação bancária 66
  Educação Empreendedora 195
effect size. *Consulte* tamanho do efeito
empreendedorismo 3, 185–206
  cultura empreendedora 195, 200
empreendimentos 7
empregabilidade 40–54
ensino
  ensino baseado em evidências 107
  ensino híbrido 144, 145, 152, 155
Era 22–30
  Era Agrícola 22, 23
  Era da Informação 24
  Era Industrial 23, 24
Escher's World 123
espírito de jogador 121
estratégia de pagamento de bônus 98
estratégias educativas 57

F

Facebook 75, 78, 130
fatores subjetivos 98
fenômeno universal 20
fluxos de materiais 6
foco 23
força física do ser humano 13
formação técnica fundamentada 37
forma de avaliar 18
fragmentação política 17
futuro 27

G

games 2, 51, 114–134
gamificação 68, 120, 121, 125

Gene Glass 94
geoengenharia 16
gerações 42–54
  Alpha 42
  Baby Boomer 2, 42
  Millennials 42–54
  Next 42–54
  X 2, 42–54
  Y 2, 42, 128
  Z 2, 42, 128, 140
gestão do ensino 55
Google 46, 75, 77

H

habilidade 63
história 3
hospitais 27
humanidade 25, 27

I

ideia
  ideia clássica de Vargas 85
  ideias de Vygotsky 100
impactos tecnológicos 6
imperativo tecnológico 27
Indústria 4.0 5, 18, 192
influência dos meios de comunicação 59
iniciativas públicas e privadas 28
Instagram 130
intelecto 37
inteligência coletiva 122
interações e processos sociais 38
internet das coisas 15, 49

K

Karl Mannheim 41
Khan Academy 115
Klaus Schwab 5–30

L

Land Science 124
Learning Management Systems 142
liberdade 85
LinkedIn 130

M

mandato 38
mapa mental 106
maturidade 64
mentoria 29
mercado de trabalho 92
meta-análise 94
metodologia CEMTRAL 76, 78, 79
metodologias ativas 1, 1–3, 2, 55, 56, 57,
    58, 114, 129, 131, 159
métodos de ensino 90, 96, 99, 102, 107
  métodos de ensino efetivos 96, 99, 107
Microsoft Educação 116
Ministério do Trabalho e Emprego 37
modelo agrário 24
modernidade líquida 36
MOOCs 51–54
movimento sindical 24
mudança qualitativa do indivíduo 85
multitarefa 122
mundo 4.0 18

N

navegação transmídia 122
negociação 122
Nephrotex 124
networking 29, 122, 129
neurotecnologias 16–30
New Media Literacies 121
noção de competência 62

O

objetos de aprendizagem 149
oceanos 21
oferta de soluções 18
omissão 26
Ondas 22
oportunidades 25
otimização de recursos (materiais e huma-
    nos) 36

P

paradigmas da interdisciplinaridade 59
Paulo Freire 25, 58
peer instruction 68, 75, 76, 80, 153
performance 121

perspectiva educativa 35
planejamento de carreira 29
pluralidade de ideias 85
política pública 96
posicionamento proativo 27
prática pedagógica 55
princípios
  princípios das cooperativas 24
  princípios efetivos de ensino-aprendiza-
    gem 83
problem based learning 68, 69, 70
processos
  processos de ensino-aprendizagem 57
  processos sociais 7
produtividade 36
profissão 36–54
project based learning 68, 69, 72, 73
projetos
  Projeto Pandora 123
  projetos de vida 32
promoção do autoconhecimento 28
proposta 102
prototipagem 171, 177

R

realidades virtual e aumentada 16
realização pessoal 36
reconhecimento social 36
recursos tecnológicos 78
redes
  redes digitais 8
  redes sociais 2, 34, 78, 126–134
representações visuais 106
RescuShell 124
revolução
  Revolução 4.0 1, 5, 131, 159, 165, 202
  revolução tecnológica 31
  revoluções industriais 6–30, 8, 32
    1ª Revolução Industrial 8, 23, 186
    2ª Revolução Industrial 9, 23, 43
    3ª Revolução Industrial 10, 43, 46
    4ª Revolução Industrial 5, 8, 11, 13,
      15, 17, 19, 20, 25, 26, 27, 28, 29, 30,
      32, 33, 135
riquezas 35
Robert Capa 44

S

sala de aula invertida 103, 152
Science.net 123
Scratch 119
Segunda Guerra Mundial 42, 44
senso crítico 122
SimCity 125
simulação 121
sistemas
  Sistema de Inovação 194
  sistemas instrumentais 90, 107
  sistemas simbólicos 90, 93, 107
site educacional 116
smartphones 12
socialização 85
Sociedade 4.0 41–54
Sociedade Digital 25–30
software
  de programação 116, 117
  de tutoriais 113
  educacional 112
sprites 120
stakeholders 6, 7, 16, 17, 19, 170
startup 199, 201, 202
STEAM 68
STEM 196, 197, 198
sucesso econômico 35
sujeito biopsicossocioespiritual 57–82
systems thinking 19
    19

T

tábulas rasas 56
takeholders 7
tamanho do efeito 95
Tecnologia 4.0 192
tecnologia educativa 86, 89, 90
  tecnologias educativas analógicas 2, 83,
      87, 89, 90, 93, 107
  tecnologias educativas instrumentais 89
Tempos Modernos 23
teoria
  teoria de Frankl 58
  teorias geracionais 31–54
teste vocacional 29

trabalho 37
  trabalho em equipe 103
  trabalho pedagógico 65
Twitter 131

U

universidades 36
  Universidade Empreendedora 193, 195
Urban Science 123
usufruto 20

V

valores tradicionais 43
velocidade 26
visão sistêmica 23
visualização 122
visual representation 105

W

Web 2.0 46–54
WhatsApp 21
workaholics 43
workshops 18
World Café 78

Z

Zona de Desenvolvimento Proximal 100

Projetos corporativos e edições personalizadas
dentro da sua estratégia de negócio. Já pensou nisso?

Coordenação de Eventos
Viviane Paiva
comercial@altabooks.com.br

Assistente Comercial
Fillipe Amorim
vendas.corporativas@altabooks.com.br

A Alta Books tem criado experiências incríveis no meio corporativo. Com a crescente implementação da educação corporativa nas empresas, o livro entra como uma importante fonte de conhecimento. Com atendimento personalizado, conseguimos identificar as principais necessidades, e criar uma seleção de livros que podem ser utilizados de diversas maneiras, como por exemplo, para fortalecer relacionamento com suas equipes/ seus clientes. Você já utilizou o livro para alguma ação estratégica na sua empresa?

Entre em contato com nosso time para entender melhor as possibilidades de personalização e incentivo ao desenvolvimento pessoal e profissional.

PUBLIQUE
SEU LIVRO

Publique seu livro com a Alta Books. Para mais informações envie um e-mail para: autoria@altabooks.com.br

CONHEÇA OUTROS LIVROS DA **ALTA BOOKS**

Todas as imagens são meramente ilustrativas.

 /altabooks /alta-books /altabooks   /altabooks

Este livro foi impresso nas oficinas gráficas da Editora Vozes Ltda.,
Rua Frei Luís, 100 – Petrópolis, RJ.